ビジョントレーニングで、こんなに変わる！

[イラスト編] Ａくんのケース（59ページ参照）

幼稚園年長
（トレーニング開始前）

弱視と斜視のため全体の視力が低く、全体的にぼんやりしているのがわかります。両眼で見る力が低いため、立体的でなく平面的な絵になっています。

小学1年の春
（開始から約半年）

手に輪郭が入ったり、葉っぱに葉脈が入るなど、対象を細かく描写することができるようになってきました。

小学1年の秋
（開始から約1年）

運動会の絵。トレーニングが進み、弱視が改善されてきて、臨場感のある絵になってきました。爪の描写も入っています。

小学3年の夏
（開始から約3年）

背景が入って、より全体に立体的になっています。色彩も細かく見えるようになり、中間色が効果的に使われています。

小学2年の夏
（開始から約2年）

トレーニング卒業時。躍動感がさらに高まり、線が力強くなり、手などに立体感が出てきています。

ビジョントレーニングって、

ビジョントレーニングをひとことで言うと、
「視機能のトレーニング」です。
視機能とは、
「目で対象を正確に捉え、正しい身体の動きにつなげる力」のこと。
具体的には、次の7つの要素に分けられます。

跳飛性眼球運動（サッケード）

見たいものや探しものを見つけるトレーニング

長いので、通常は「サッケード」という名称を用います。本を早く読めたり、球技が上手になります。

追従性眼球運動（スムースパスート）

動いているものを見るトレーニング

長いので、通常は「パスート」という名称を用います。手や身体などの連携を作ってくれます。

両眼のチームワーク

遠近を交互に見るときに眼を離したり、寄せたりするトレーニング

ピントがくっきりして、板書の速度が上がります。また、距離の理解が良くなります。

どんなことをするの？

実空間（実際の形や距離）と視空間（頭の中の形や距離）の認知

視覚と四感（聴・触・味・嗅覚）を統合し、頭の中と現実世界のギャップを埋めるトレーニング

形をイメージする力、言葉を選んで使う力、コミュニケーション力、記憶力アップが見込めます。

ボディマッピング（自分の身体構造をイメージする）

位置覚（自分の身体の構造）を明確にするトレーニング

細かな動作や作業でつまずいてしまう場合、自分の実際の身体の動かし方と、頭の中でイメージする身体の位置が一致していない可能性があります。自分の身体の位置を知るトレーニングです。

眼と身体のチームワーク

「見て、考えて、動く」流れを上手に行うトレーニング

落ち着きがない状態の改善に加え、運動能力や日常の生活における動作の困難さを防ぎます。

緊張の緩和

緊張をほぐし、左右の身体バランスを整えるトレーニング

運動がうまくなり、道具がうまく使えるようになります。眼球運動が上手になります。

ビジョントレーニングで

私たちは、この6つの力によって学習やスポーツをしたり、日常生活を送っています。
足りている力、足りていない力によって、行うトレーニングが変わってきます。
お子さんの家での生活の様子を、日ごろからよく見てあげることが大切です。

文字を正しく読む力

・文章をスムーズに読める
・文章をしっかり把握できる
・読み飛ばし、読み間違いなどがなくなる
・文章問題や、文字だけの本を読めるようになる

文字や字を正しくかく力

・文字や図形がきれいに書ける
・文字の流れを揃えたり、整理整頓ができる
・誤字脱字に気づくことができる
・板書を書き、授業内容を把握できる

手先をうまく使う力

・ハサミなどの道具（定規や分度器など）を上手に使える
・ボタンを留めたり、紐を結んだり、折り紙なども上手になる
・手先の繊細な動きが可能になる

伸びていく6つのチカラ

ものごとに集中する力

- 授業、作業の集中力が向上する
- 読書が好きになる
- 場をわきまえて行動できる（空気が読める）ようになる

ものごとを記憶する力

- 見たものと感じたものをひも付けできる
- 数字や漢字、話す言葉などを正確に引き出せる
- 言われたことややりたいこと、やるべきことを忘れずに行動に移せる

運動を楽しむ力

- キャッチボールが上手になる
- 道具を使う運動やスポーツが好きになる
- お手本のまねが上手になる

ビジョントレーニングが

本書では、ご自宅で快適に、そして親子で楽しみながら、
「おうちビジョントレーニング」を繰り返し行っていただくために、
本書に収録した3つのチェックと18のトレーニングを、
私が教えるYouTube動画形式でも見られるよう、工夫しました。
（詳しくは、著者のオフィシャルサイト https://www.0v0ision10.com をご覧ください）

本書には入りきらなかったNG要素なども入っていますので、
ビジョントレーニングを、より深く理解していただけると思います。

●おうちビジョントレーニングの基本形

毎日1セット ─┬─ 基本：ビジョンチェック1〜3（第3章）
　　　　　　　　＋
　　　　　　└─ 応用：ビジョントレーニング（第4章）

●ビジョントレーニングの前に行う「ビジョンチェック」

チェック1……眼球運動の追従性のチェック（74ページ）
　　　　　　　→動いているものに対し、眼球がついていけるか

チェック2……眼球運動の跳飛性のチェック①（76ページ）
　　　　　　　→等距離にある2つのものに対し、視線を正確に飛ばせるか

チェック3……眼球運動の跳飛性のチェック②（78ページ）
　　　　　　　→遠近距離にある2つのものに対し、視線を正確に飛ばせるか

YouTube動画でわかる！

● ビジョンチェック後に行う「ビジョントレーニング」

● 眼球を正確に動かすトレーニング
トレーニング 01・線たどりゲーム（96 ページ）
トレーニング 02・数字ランダム読みゲーム（98 ページ）
トレーニング 03・1 分間速読ゲーム（100 ページ）

● 目と手の協応性を高めるトレーニング
トレーニング 04・まねっこゲーム（104 ページ）
トレーニング 05・後出しジャンケンゲーム（106 ページ）
トレーニング 06・数字タッチゲーム（108 ページ）
トレーニング 07・両手で円描きゲーム（110 ページ）
トレーニング 08・両手同時書きゲーム（112 ページ）

● 目の「跳飛性」と「空間認知力」を高めるトレーニング
トレーニング 09・数字探しゲーム（116 ページ）
トレーニング 10・洗濯ばさみゲーム（118 ページ）
トレーニング 11・アンダーライン数字読みゲーム（120 ページ）
トレーニング 12・ペンキャッチゲーム（122 ページ）
トレーニング 13・メンタルローテーションゲーム（124 ページ）

● 目のトータルスキルを上げるトレーニング
トレーニング 14・○×ライン引きゲーム（128 ページ）
トレーニング 15・お手玉タッチゲーム（130 ページ）
トレーニング 16・記憶ドットゲーム（132 ページ）
トレーニング 17・片目片足ゲーム（134 ページ）
トレーニング 18・お手玉キャッチゲーム（136 ページ）

ビジョントレーニングで、こんなに変わる！
［文字編］Ａくんのケース（59ページ参照）

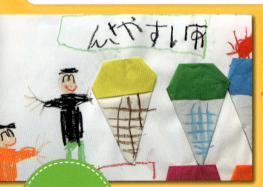

幼稚園年長
（トレーニング開始前）

文字が左から右ではなく、右から左に書かれています。脳内に反転して映った文字が補正されず、そのままアウトプットしてしまっていることが原因です。

小学1年の春
（開始から約3か月）

「ざらざら」の最初の「ざ」の部分が、いわゆる鏡文字です。脳内で、視覚の整理ができずに書いてしてしまった例です。左と比べどちらが重症ということではありませんが、より着目されやすいため、心配される親御さんが多くいます。

小学1年の夏
（開始から約1年）

目→手の連携が取れていないため、文字のバランスが取れておらず、書き直しが多いのがわかります。また、身体の緊張が強いため、筆圧が強く、文字が角ばっています。

小学1年の冬
（開始から約1年半）

両目のチームワーク、目→手の連携、緊張除去トレーニングの成果が出てきています。曲線が上手に描けるようになりました。文字バランスと間隔が良くなり、枠線の中にもキチンと収まっています。

小学2年の春
（開始から約2年）

トレーニング終了直前。弱視も完治していて（両目1.0以上）、緊張も取れ、文字の基本的要素であるとめ、はね、はらいが上手にできています。左より難しい、マスの中にも綺麗に収めることができています。

1日5分！親子で楽しみながらできる

ビジョントレーニング

発達障害の子どもを伸ばす

ビジョントレーナー
小松佳弘

実務教育出版

はじめに——

あなたのお子さん、「本当に」見えていますか？

本書を手にとっていただき、ありがとうございます。
故郷の福岡を拠点に、全国の小中学校やデイケアセンターで活動する、
ビジョントレーナー・小松佳弘と申します。

「ビジョントレーナーって何？」と思われた方、多いですよね。
私も、名刺交換をするたびに「どんなお仕事をされているのですか？」
とよく聞かれます。
日本で職業として認知されるようになってから20年くらいしかたって
いない新しい職業ですから、無理もありません。

ビジョントレーナーとは、文字通りビジョン（視機能）を、
トレーニング（訓練）する職業です。
「ビジョン」には「視力」という意味もあるのでややこしいのですが、
「視力」と「視機能」は意味が異なります。

視力は、純粋に「対象そのものを正確に見る力」。
それに対して視機能は、「対象を正確に捉え、それに伴う身体の動作を
正確に脳に伝える力」です。
たとえて言えば、遠くにある野球の球を見る能力が視力、
飛んできたボールを捉えて打つ能力が視機能にあたります。

視力と視機能の違い

視力

対象そのものを正確に見る力

視機能

対象を正確に捉え、それに伴う身体の
動作を正確に脳に伝える力

野球のたとえで、ピンときた方もいらっしゃるでしょう。
私自身、現在プロ野球やプロラグビーの選手をはじめ、
多くのアスリートにビジョントレーニングを行っています。

しかし、ビジョントレーナーがサポートするのは、
アスリートだけではありません。
アスリート以上に、「子どもたち」を相手にしています。
この本を手にとっていただいている方なら、おわかりですよね。

そうです。
ビジョントレーニングは、単に動体視力など、
スポーツに必要な視力を上げるためだけのものではありません。
ビジョントレーニングとは、
私たちの日常生活に欠かせない「視機能」を高めるものであり、
ビジョントレーナーは、そのためのサポートをする職業なのです。

これから、その理由をお話ししていきます。

脳と体が連動していない子どもたち

実は、この視機能が未発達のために、
たいへんな苦労を背負わされている子どもたちがたくさんいます。
その理由、それはズバリ「生活環境の劇的な変化」です。

2008年にスマートフォン、続いてタブレットが登場してから、約10年。
子どもたちの視機能は、下がる一方です。
それはなぜか？
理由はシンプルだけど、意外なところにあります。
**子どもたちが低年齢のうちからそれらの画面に長時間触れることで、
目線の動きが狭い範囲に限定されてしまい、その結果、
眼球の動きが発達せず、それが就学後の読み書きや運動、スポーツ、
はてはコミュニケーションの障害となって表れてくる、というわけです。**

私は、この10年、学校やデイケアセンターにおいて、
3000人以上の子どもたちと接してきました。

当初は「こんなこともできないのか……」と愕然とすることの連続。
片足で立てない。
投げられたボールをキャッチできない……。
「こうやって振るんだよ」と手本を見せてからバットを渡しても、
言われた通りに持つことすらできない……。
信じられないかもしれませんが、
「鍵が使えない」という女子高生もいました。
鍵穴に鍵を真っ直ぐに差し込むことができないのです。

頭の中で自分が思い描いたイメージ通りに、体を動かすことができない、
つまり「脳と体が連動していない」のです。
そしてそれは、視機能が十分に発達していない、
もしくは使えていないことから起こります。

ひと昔前は、鬼ごっこや缶蹴りなど、子どもたちが遊びの中で、
自然に獲得できていた「視機能の自然な発達」を、
いまの子どもたちの多くが獲得できない環境にあるのです。
そのひとつが、先ほどお話しした「電子機器の普及」の弊害です。

子どもが見ている世界と、親が見ている世界は違う

脳がそれぞれの筋肉に命令を出して、
手足が動くしくみになっていることは、皆さんご存じですよね。
厳密に言うと、「こういうことをするんだな」と頭の中でイメージし、
脳がそれを理解して初めて、それぞれの筋肉に命令が行くのです。

五感のうち、イメージを司る感覚は「視覚」です。
当然の話ですが、対象がきちんと見えなければ、
イメージを描くこともできませんよね。

**そこで、改めて、いまこの本を手にしてくださっているお父さん、
お母さんにお聞きします。
あなたのお子さんは、「本当に」見えていますか？**

わが子に熱があったり、ケガをしていれば、すぐにわかりますよね。
しかし、子どもの目が「どんなふうに」見えているのか。
これは、親でもなかなかわからないことです。

**子どもにとって、生まれて目が見えるようになって以来、
「そういうふうに見える」世界で生きてきているので、
それがその子にとっての「当たり前」の世界になっています。**
ですから、極端に人とは違う見え方をしていたとしても、
自分ではそのことになかなか気づけないというわけです。
だからこそ、客観的に気づいていただくために、
私のような職業が存在するのです。

発達障害サポートにおけるビジョントレーニング

2005年4月に「発達障害者支援法」が施行されてから、
「発達障害」という言葉が、ポピュラーになってきています。
**厚生労働省の定義によると、発達障害とは注意欠陥多動性障害（ADHD）、
アスペルガー症候群、学習障害（LD）、自閉症スペクトラム、
チック障害……と、多岐に渡ります。**

具体的に見ていくと、

「授業中、じっと座っていられない」
「字を書くのに時間がかかる」
「本を読むのが苦手」
「ダンスが覚えられない」
「感情的になりがち」
などとあります。

実は、これらの症状と、視機能の発達度合いには、
非常に密接な関係があるといわれています。

私が暮らす福岡県飯塚市はいち早く、
発達障害をサポートする取り組みを始めた市のひとつです。
職業柄、私は小学校の先生とご一緒する機会が多いため、
市の関係者に、ビジョントレーニングを取り入れることを進言しました。

そして、市のデイケアセンターのビジョントレーナーへの就任をきっかけに、
全国各地の同様の施設でもトレーニングを行うようになったのですが、
そこで気づいたのは、親や教師から「発達障害かもしれない」と疑われ、
そうした施設に連れて来られる「グレーゾーン」の子どもの多さでした。

漢字ひと文字に 15 分かかる A くん
小学 5 年生の A くんも、そんな子どもの一人でした。
読み書きが非常に苦手で、漢字ひと文字書くのに、
15 分もかかってしまいます。
また、すぐに感情的になり、クラスメイトへ暴力を振るうことから、
ひとりだけ特別学級に隔離され、授業を受けていました。

しかし、A くんがビジョントレーニングを始めてから 3 カ月もすると、

ひと文字書くのに15分かかっていた漢字の書き取りが、
1行で15分と、飛躍的に速くなりました。
また、字がスムーズに書けるようになったことに加え、
精神的にも落ち着いたことで、暴力を振るうこともなくなったのです。

当初、Aくんの親御さんは「息子は、どこかに障害があるんじゃないか」
と、疑っていました。無理もありません。
さまざまな専門医を訪ね、AくんのIQを調べたところ、
AくんのIQは、なんと140もありました。
頭の回転の速さに、体がついてこない。そのイライラが、
クラスメイトへの暴力になってしまっていたのです。

単なる視機能の発達不全であれば、
ビジョントレーニングによって改善できる。
これは、ほんの一例です。

「発達障害」という便利なレッテル

Aくんのように正しくトレーニングする機会に恵まれないために、
自分でも、どうしてスムーズに字が読み書きできないのかがわからず、
困っている子どもたちが、いまも大勢います。

読めないし、書けないのですから、授業中は退屈です。
当然、集中力が出てくるわけもなく、
「落ち着きのない問題児」と判断されてしまうでしょう。

視機能がうまく使えていないだけで、
「自分は勉強ができない」
「勉強がキライだ」

と、やる気と自信をなくしてしまう子どもや、
素晴らしい絵の才能をもっているにもかかわらず、その才能に気づかず、
「絵は苦手」として一生を過ごす子どももいるかもしれません。

「発達障害」という言葉が多くの親に認知された結果、
さまざまな問題を抱える子どもたちがいっしょくたにされ、
一律に発達障害と診断されてしまう現実がいま、起きています。

しかし、「発達障害」というものが果たして、どういう症状を指すのか。
現在の厚生労働省による定義は、正しいものなのか。
専門家によっても見解はさまざま、というのが実態です。
わかっていないからこそ、少しの問題を抱えた子どもを入れてしまえる、
便利な分類ボックスにされているように思えてならないのです。
そこで私は、視機能の問題からのアプローチが最適だと考えています。

「目のクセ」で性格や行動が変わる

あまり知られていないことですが、
人の目は、生まれながらに正面を向いているわけではありません。
「外斜位（外）」
「内斜位（内）」
「上下斜位（上下）」
という「眼球の向き」をもっています。
この向きによって、ものの見方、感じ方も変わります。
そして、得意不得意をはじめ、行動や性格まで変わってくるのです。

3人のお子さんをもつお母さんに、こう相談されたことがありました。
「下の2人のことはよくわかるのに、
上の子のことだけはよくわからないんです」
3人のお子さんの眼の向きを確認してみると、

お母さんと下の2人のお子さんは外斜位、上のお子さんは内斜位でした。
「同じように育てても、眼球の向きによって性格が違ってくる」
という一例です。
逆に言えば、眼球の向きによる性格の違いを理解しておけば、
その子のことをより深く理解でき、正しいアプローチができる、
ということになります。

本書では、目のしくみを正しく理解していただくために、
子どもの「目のクセ」からくる「目の向き」がわかる、
簡単で便利なビジョンチェック法（第3章）をお伝えします。

子どもの「目の向き」を知ったうえで、
1日5分のビジョントレーニング（第4章）を行い、
視機能を正しく高めていく。
これは、発達障害が疑われる子どもたちだけでなく、
現代のすべての子どもに必要なトレーニングといえます。

視機能が高まるにつれ、「できない」と思っていたことが楽しく、
上手にできるようになっていく。
そのときの子どもたちの弾けるような笑顔に出合えたとき、
私は「ビジョントレーナーになってよかった」としみじみ思います。
ぜひ、親子で楽しみながら、ビジョントレーニングを続けてください。
ビジョントレーニングは子どもだけでなく、大人にも有効です。

この本によって、全国の子どもたちの笑顔が一つでも増えることを、
そして、我が子を心配する親御さんが少しでも癒やされることを、
心から祈っています。

小松佳弘

もくじ

ビジョントレーニングで、こんなに変わる！［イラスト編］…… 001
ビジョントレーニングって、どんなことをするの？ …… 002
ビジョントレーニングで伸びていく6つのチカラ …… 004
ビジョントレーニングがYouTube動画でわかる！ …… 006
ビジョントレーニングで、こんなに変わる！［文字編］…… 008

はじめに …… 10

第1章
日本人だけが知らない!? 目のしくみ

視力は、視機能のほんの一部 …… 024
眼の構造と見えるしくみ …… 025
視機能のそれぞれの役割 …… 026
視機能のはたらきの3段階 …… 028
眼はもともと「脳」の一部だった …… 030
眼のまわりには、6本の強靭な筋肉がある …… 031
誰もが持っている「眼のクセ」…… 032
昔の子ども、今の子ども …… 035
鏡文字を書いていた私 …… 037
視機能と眼球運動 …… 039
本当に「目がいい」状態とは …… 040
`コラム` …… 041

第2章
ビジョントレーニングが子どもの「生きづらさ」を救う

ビジョントレーニングの歴史 …… 044

眼球運動の重要性 …… 045

「黒板の文字をノートに書き写す」という高度な作業 …… 047

人間的な前頭葉、動物的な脳幹 …… 048

子どもの眼の成長 …… 049

立体視を構築する時期 …… 052

「大人の眼」になる前に …… 053

「弱視」を見分けるポイント …… 054

「眼のゴールデンエイジ」にすべきこと …… 055

コオーディネーション能力を構築する7つの力 …… 056

スポーツの早期英才教育にひそむ危険 …… 057

ケース1：お姉ちゃんの「ついで」に連れてこられたAくん …… 059

ケース2：トレーニングで苦手なフォアハンドを克服 …… 063

ケース3：特別学級から一転、東大を目指す進学校へ …… 065

ケース4：ビジョントレーニングで性格まで変わる …… 067

コラム …… 069

第3章
子どもの「目の現在地」を確認する ビジョンチェック

ビジョンチェックで目の「クセ」と「現在地」がわかる！…… 072
チェック① 眼球運動の追従性 …… 074
チェック② 眼球運動の跳飛性① …… 076
チェック③ 眼球運動の跳飛性② …… 078
目のクセをより詳しく知るためのチェックリスト …… 079
チェックリスト解説 …… 080
コラム …… 085

第4章
1日5分！ 子どもの「視機能」を高める ビジョントレーニング

親子で、楽しみながら行いましょう …… 088
できるようになることがゴールではありません …… 088
大事なのは、「試行錯誤」と「微調整」…… 089
日常そのものが、トレーニングになる …… 091
上手なお手伝いの頼みかた …… 092
子どもは、ルーティンよりもイレギュラー …… 093
ビジョントレーニングの注意点 …… 094

- ●眼球を正確に動かすトレーニング
  - トレーニング 01・線たどりゲーム……096
  - トレーニング 02・数字ランダム読みゲーム……098
  - トレーニング 03・1分間速読ゲーム……100
  - チェック項目……102
- ●目と手の協応性を高めるトレーニング
  - トレーニング 04・まねっこゲーム……104
  - トレーニング 05・後出しじゃんけんゲーム……106
  - トレーニング 06・数字タッチゲーム……108
  - トレーニング 07・両手で円描きゲーム……110
  - トレーニング 08・両手同時書きゲーム……112
  - チェック項目……114
- ●目の「跳飛性」と「空間認知力」を高めるトレーニング
  - トレーニング 09・数字探しゲーム……116
  - トレーニング 10・洗濯ばさみゲーム……118
  - トレーニング 11・アンダーライン数字読みゲーム……120
  - トレーニング 12・ペンキャッチゲーム……122
  - トレーニング 13・メンタルローテーションゲーム……124
  - チェック項目……126
- ●目のトータルスキルを上げるトレーニング
  - トレーニング 14・○×ライン引きゲーム……128
  - トレーニング 15・お手玉タッチゲーム……130
  - トレーニング 16・記憶ドットゲーム……132
  - トレーニング 17・片目片足ゲーム……134
  - トレーニング 18・お手玉キャッチゲーム……136
  - チェック項目……138

※トレーニング1・2・3・6・7・8・9・11・13・14・16で使うワークシートは、著者のオフィシャルサイト（https://www.0v0ision10.com）からダウンロードできます。

おわりに……139

トレーニングカリキュラム例……140

ビジョントレーニングを積極的に取り入れている施設……142

小松式ビジョントレーナー養成講座「めばえ」修了者……143

第1章

日本人だけが知らない⁉目のしくみ

視力は、視機能のほんの一部

私たちがふだん「眼がいい」「眼が悪い」と言うとき、
「眼」とは「視力」のことをさしていますよね。

同じように、日本で「眼の検査」といえば、
視力検査をさすことがほとんどです。

**しかし、眼がもつさまざまな機能である「視機能」の中で、
視力が担う役割は、ほんの一部にすぎません。**

視機能を構成する要素を大きく分けると、次の5つになります。

①**ピント調節機能**（対象にピントを合わせる機能）
②**周辺視野確保機能**（見たいものに加え、その周辺も捉える機能）
③**両眼視機能**（両眼でものを見る機能）
④**イメージ機能**（見たものを脳の中で映像化する力）
⑤**運動感覚機能**（眼と体の連動性、平衡感覚など）

視機能はこうした要素で成り立っていますが、
そのうち視力が関係するものは、実は②の「周辺視野確保機能」と、
③の「両眼視機能」くらいなのです。

対象にピントを合わせるために、人は無意識のうちに、
高機能レンズの役割を果たす「水晶体」と、その周辺の筋肉「毛様体」を、
瞬時に調節しています。

眼の構造と見えるしくみ

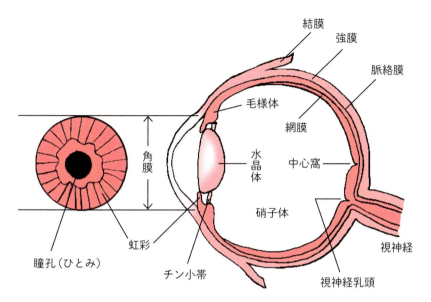

そもそも、どうして、眼はものを見ることができるのでしょうか？
眼だけでは、ものを見ることはできませんよね。
そう、光が必要です。

眼の一番外側にあるのは「角膜」です。
光は、角膜を通過して眼の中に入ってきます。
角膜の次にある「虹彩」が「瞳孔」の大きさを調節し、
入ってくる光の量を調節します。
光の量が多ければ瞳孔を小さく、少なければ大きく広げます。

光の中にある「見たいもの」にピントを合わせるのが、
水晶体というレンズです。
毛様体という筋肉が水晶体を膨らませて、ピントを調節します。
水晶体を通った光は眼の奥の「網膜」に届き、

そこに「映像」を映します。
網膜に届き、映像を映す点を「焦点」といいます。

このとき、焦点が網膜の手前にできてしまう状態を「近視」、
網膜よりも奥にできてしまう状態を「遠視」、
立体的に焦点そのものが合わない状態を「乱視」と呼びます。
これらは、それぞれ光の「屈折異常」のために生じる症状で、
残念ながら、ビジョントレーニングでは改善が難しいものです。

こうして、網膜に映された映像は「視神経」を通じて、脳に伝達されます。

次から、こうしたものを見るためのしくみを支える、
「視機能」それぞれのはたらきをお話ししていきます。

視機能のそれぞれの役割

①ピント調節機能

水晶体を毛様体がふくらませることで、ピントが調節されます。
近くを見るとき、水晶体を膨らませるため、
毛様体筋は、最大限に緊張している状態となります。
遠くを見るときは、水晶体を膨らまさずにすむため、
ややゆるんだ状態になります。

この毛様体筋は、心臓を構成する筋肉の次くらいに疲れ知らずで、
「疲れを感じない筋肉」といわれています。
眼を開いている限りはたらいているため、眼を一定時間酷使したら、
「少し眼を閉じて、休みましょう」といわれるのは、
このはたらき者の筋肉や脳を、休ませてあげるためです。

②周辺視野

「視野」とは、「眼で見られる範囲」のことをいい、
片眼・両眼の視野をそれぞれ「単眼視野」「両眼視野」と呼びます。
また、それぞれに「中心視野」と「周辺視野」があります。

ピントを合わせる対象物を中心とした 30 度以内の範囲が「中心視野」、
その外側が「周辺視野」です。
周辺視野の範囲は大人で約 160 度、
子ども（12 歳くらいまで）で約 90 度といわれています。
たとえば、ウサギは眼が左右それぞれ顔の側面にありますよね。
あれは、草食動物の証です。
ウサギの周辺視野は約 360 度と言われていて、
目の前の草を食べているときも、敵がいないか、
常に広い周辺視野をもって見張っているのです。

犬や猫、猿、人間が顔の前面に左右の眼が揃っているのは、
正確に、立体的にものを捉えるために、周辺視野よりも、
両眼での中心視野を優先させたつくりになっているためです。

③両眼視機能

左右両方の眼で見て初めて、奥行き感や立体感、遠近感がわかります。
眼が 2 つ必要なのは、このためです。
眼位（眼が向いている方向）のズレが大きかったり、
眼球運動が悪かったりすると、この機能に支障をきたします。

④イメージ力（見たものを脳の中で映像化する力）

見たものを、脳の中でイメージ化する機能です。
人は見たものを約 5 秒だけ、網膜上に映像として残すことができますが、

それだけでは「見た」ことにはなりません。
それを脳に伝達し、記憶し、イメージ化することで、
脳が網膜に映っているものが何かを認識、理解します。

⑤運動感覚（眼と体の連動性、平衡感覚など）
①から④の機能を使って「見られた」ものが脳内にイメージされると、
脳が筋肉など体の各部分に司令を出します。
この機能によって、私たちは「動く」ことができます。

「運動感覚」というと、運動神経と同じイメージを持ちがちですが、
「目の前のものをつかむ」「字を書く」「お箸を使う」など、
赤ちゃんから始まる日常動作のすべてが含まれています。

子どもがこの⑤に何らかの問題を抱えている場合、
「発達障害」を疑われることが多いのですが、
実は、①から④の機能の未発達が原因であることも多いのです。

視機能のはたらきの3段階

これまでにお話しした、5つの要素で構成される視機能のはたらきは、
さらに次の3つの「段階」に分けることができます。

```
＜視機能の3段階＞
①入力
②情報処理
③出力
```

まず①の「入力」とは、2つの眼をスムーズに動かして、

対象にピントを合わせ、その映像を取り込むことです。
それには、「視力」「対象にピントを合わせる力」、
「動いている対象を追う力」の３つが必要になります。

視力は、学校での視力検査を思い出してもらえればわかるように、
「止まったものを見る力」です。
視力検査は、「遠くにある止まったものの形を、どこまで見分けられるか」
を調べる検査なのです。

しかし、日常、私たちが目にするものは止まっているものより、
対象、もしくは自分が動いているほうが多いですよね。
その際に重要なのが、
「対象にピントを合わせる力」と、
「動いている対象を追う力」です。

この２つの力を支えているのが「眼球運動」なのですが、
現在、この眼球運動でつまずいている子どもが多いのです。

次に②の「情報処理」とは、見たものを脳の中でイメージ化し、認識、
理解することです。

たとえば、自分のお母さんを見たときをイメージしてみましょう。
眼から脳に送られるのは「人間」「女性」「大人」という「情報」です。
それを「お母さんだ」、その表情を読み取って、
「怒っているな」「笑っているな」と脳が認識、理解します。

また、自分に向かって飛んでくるボールを見たとき、
情報として送られるのは、丸い形の物体です。
脳はそこから、

「自分に向かってきているな」「届くかな」
「どれくらいの速さかな」
などと、瞬時に分析・認識するのです。

最後の③「出力」とは、脳の命令通りに自分の体を動かすことです。
自分に向かって飛んでくるボールを見て、分析、認識した結果、
どう動けば適切か、脳からの命令が出ます。
上手に受け取るのも、
上手に受け取れそうにないのでよけるのも、
脳が下した「適切な命令」です。

このとき、うまくイメージできないと、
脳への情報伝達があいまいになり、「適切な命令」が出せません。

この３段階で、「出力」までが視機能に含まれるのは、
意外に思われるかもしれませんが、脳が司令を出すことができるのは、
眼が情報を入力すればこそ。
まさしく「眼は脳の司令塔」といえるのです。

眼はもともと「脳」の一部だった

もちろん、脳に情報を伝えるのは眼だけではありません。
視覚、聴覚、嗅覚、触覚、味覚のいわゆる「五感」によって、
人はさまざまな情報を脳に送っています。

その割合を見てみると、聴覚７％、嗅覚３％、触覚２％、味覚１％。
それに対し、視覚はなんと 87％もの割合を占めています。
さらに、視覚と嗅覚は脳に直接つながる「特別感覚」と呼ばれ、

脳との関係性が他にくらべて強いのです。
脳からは12の神経が出ていますが、そのうちの6つが、
眼とつながっていることからも、その関係性の強さがわかります。

そもそも、眼は脳から派生してできたもの。
お母さんのお腹の中に誕生した胎児には、約2週間ほどで、
脳から「眼の芽（眼杯）」が出てくることがわかっています。
脳は、心臓や胃などと同様、「臓器」のひとつですが、
脳から派生した眼も、れっきとした臓器。
唯一、体の外にむき出しで出ている臓器なのです。

眼のまわりには、6本の強靭な筋肉がある

そんな眼（眼球）のまわりには、6本の筋肉があります。
「外直筋」「内直筋」「上直筋」「下直筋」「下斜筋」「上斜筋」
と呼ばれるもので、6本を合わせて「外眼筋」といいます。
6本それぞれの呼び名の通り、

【6本の外眼筋】
（左目）

上斜筋／上直筋／内直筋／外直筋／下直筋／下斜筋

眼球を外側、内側、上下左右に動かす筋肉になります。
この外眼筋は細くて薄い筋肉ですが、一説によると、筋力比率としては、筋トレなどで発達するアウターマッスル（身体の表面に近い筋肉）の、約300倍もの強靭さを持っているといわれています。

しかし、ここが重要なのですが、
6本の外眼筋それぞれの強さは均一ではなく、
先天的なバラつきがあります。
そして、それが「はじめに」でお話しした
「眼のクセ」の原因になっているのです。

誰もが持っている「眼のクセ」

先ほどお話ししたように、眼のクセには大きく分けて、
「内斜位」「外斜位」「上下斜位」の3つがあります。
簡単にお話しすると、眼球を内側に引っぱる筋肉が強ければ「内斜位」、
外側に引っぱる筋肉が強ければ「外斜位」、
上下に引っぱる筋肉のバランスに差があれば「上下斜位」となります。

「斜視」はその影響がより大きく表れたもので、
専門家でなくてもそれとわかりますが、
「内斜位」「外斜位」「上下斜位」については、その知識を得て、
かつ注意深く見ないとわかりづらいものです。

しかし、見た目ではわかりづらいだけで、
ほぼ100％の人がこの眼のクセをもって生まれてきています。
私の勤めるメガネ店の顧客600人のカルテを調べてみたところ、
ほとんどの人が当てはまりました。

正面にあるものを見るとき、「左右両方（両眼）の」黒目が、
正面に来ていなければ、本当に正しく見ることはできません。
内斜位の人は、意識しないときは黒目が内側に寄っているため、
正面にあるものを見るときには、眼球を外側に動かす筋肉、
つまり引っ張る力が弱いほうの筋肉が「エイヤ」と引っ張って、
黒目を正面に寄せているのです。

外斜位、上下斜位も同様に、先天的に力が弱いほうの筋肉が、
その引っ張りを担当します。
若いときは、力の差こそあれ、外眼筋6本それぞれが元気なので、
この引っ張りを任されてもあまり苦になりませんが、
私たちが年を取るにつれて、それが負担になってきます。
無理な力を強いられているため、さまざまに支障が出てくるのです。

たとえば、年を取るごとにくっきりと刻まれてくる「みけんのシワ」。
これもこうした「エイヤ」が原因のひとつ。
若い頃のように引っ張りもスムーズにいかず、
さらに無理な力がかかることによって、シワになってしまうのです。

それでは、眼のクセそれぞれの特徴を簡単にお話ししていきましょう。

眼のクセ①　内斜位

「内斜位」とは、眼球を内側に引っぱる筋肉が強い、
または外側に引っぱる筋肉が弱いため、
黒目が内側に寄りがちになるクセです。

寄り目にするほうが楽なので、遠くのものより近くのもののほうが、
ピントを合わせやすく、周辺視野が狭い傾向があります。

内斜位の人は、中心視野に視線が行きやすいことから集中力が高く、
ひとつの物事にじっくり取り組みます。
逆に、新しいことは苦手です。

性格的にはおとなしく、人見知り。
ただ、慣れてくるとピントが合いやすい近い距離が落ち着くため、
人との距離もぐっと近くなります。

眼のクセ② 外斜位
「外斜位」とは、眼球を外側に引っぱる筋肉が強い、
または内側に引っぱる筋肉が弱いため、
黒目が外側に寄りがちになるクセです。

内斜位とは対極にあり、遠いもののほうがピントを合わせやすく、
近寄ってくるものは苦手です。
とがったものを眼の前に寄せられると、
痛みや恐怖を感じることがあります。

性格的には、明るく、人見知りもあまりありません。
ただ、周辺視野が広いため、周囲の人の反応を気にしがちです。
遠くのものが見えやすいぶん、近くものへの焦点が持続しにくく、
興味があちこちに向くので、飽きっぽい一面もあります。

眼のクセ③ 上下斜位
「上下斜位」は上下の筋肉の力に差があり、内斜位や外斜位に比べ、
修正が難しいクセといえます。

左右の眼が別々の方向を向いているために、
平衡感覚を保つことが難しく、正面を向こうとしても、

体が自然と傾いてしまいます。
2つの眼でピントを合わせることが難しいため、
ものを見ることを苦痛に感じる子どもが多く、落ち着きのない印象を与えます。
そのため、集中して見る必要のない、パッとひと目でわかりやすい、
奇抜なものを好む傾向があります。

昔の子ども、今の子ども

「眼のクセで、性格まで違ってくるの？」と、
まだ半信半疑かもしれませんね。

しかし、先にお話しした通り、脳へ伝達される情報の約87%は、
眼からのものといわれています。
その眼が何をどう見るか（見えているか）によって、
その人の性格や行動が形づくられるのは自然なことです。

また、「ほとんどの人に眼のクセがあるというけど、自分はそんな自覚はないし、それで困ったこともない」
というお父さん、お母さんも多いことでしょう。
まず、現代の子どもと、その親世代が子どもだった時代の、
生活環境の違いを理解する必要があります。

現在、就学前後の子どもを持つ多くの親世代が子どもだった1980年代、
家庭用ゲーム機が急速に普及した時代とはいえ、
学校から帰るやいなや外へ駆け出し、
公園などで外遊びに興じた人はまだ多かったのではないでしょうか。

かくれんぼや鬼ごっこ、ケンケンパーなど全国区の遊びから、
地域独自に生まれた遊びに興じていた人が、ほとんどだと思います。
友だちが連れてきた幼い弟や妹に合わせてルールを変えたりして、
臨機応変にアイデアを出し合い、楽しんだことでしょう。

遊ぶ場所も、整備された公園だけでなく、
空き地や原っぱなどを遊び場にしたり、ときには木に登ったり、
川に入って遊んだりもしたことがあると思います。

一方で、いまの子どもは、なかなか外で遊ぶ機会がありません。
あったとしても、昔以上に整備された公園では、
ボール遊びが禁止されていたり、
危険だということで遊具がなかったりして、
のびのびと体を動かして遊べる環境は、少ないはずです。
また、親の監視なく子どもたちだけで外で遊ぶということも、
このご時世は少なくなってきているように思います。

しかし、眼の発達のことを考えれば、親が「危ないからやめなさい」
と言うようなことを、本来、子どもはやるべきなのです。
「遊ぶ中で時には怪我をしたり、痛みを感じる」
ということは、もちろん程度はありますが、
子どもの成長のみならず、視機能にとってもとても重要なことなのです。

外で自由に遊べない子どもたちは、必然的に室内で遊ぶわけですが、
そこでも「自由」には遊べていません。
当然親の目が光りますし、TVゲームやタブレット、スマホの動画など、
大人がつくったものに従って遊んでいるだけでは、外遊びに比べ、
創意工夫が入り込む余地が圧倒的に少ないのです。

一方、外でする鬼ごっこでは、鬼につかまらないよう、
眼をあちこちに動かしながら逃げ回ります。
視界の片すみには、ほかの子が鬼につかまったところが見えたりして、
体だけでなく、眼も大きく動かすことが自然にできるのですが、
室内遊びではどうでしょう？

動かすのは指先だけ、眼が動く範囲も画面の中だけ。
最近では、スマホゲームも人気です。
つまり、眼が動く範囲はさらに狭く小さくなっています。
もう、おわかりですよね。
昔の子どもは遊ぶ中で、体や眼を大きく使い、
視機能を高めることが自然にできていたのに対し、
いまの子どもたちは、その機会を圧倒的に奪われてしまっているのです。

鏡文字を書いていた私

かくいう私自身も子を持つ父親で、
1980年代にのびのびと子ども時代を過ごしたひとりです。

福岡県の田舎町だったこともあり、
周辺の道も舗装がそれほど進んでおらず、農道やあぜ道を毎日、
日が暮れるまで、友だちと飛び回って遊んでいました。

私の眼のクセは、外斜位と上下斜位のミックスです。
大人になって、子ども時代のノートなどを見て驚いたのですが、
小学校に入学してしばらくは、間違った文字や、
「鏡文字」を書いていました（66ページ参照）。

鏡文字とは、文字通り左右を反転させた文字のこと。
どうやら子ども時代の私の眼には、ものが左右逆に見えていたようです。
普通であれば、そこで親や先生に注意されているはずなのですが、
私にはそういった記憶がまったくありません。
日常生活で特に困ったり、悩むことのないまま、いつの間にか、
人並みに字が書けるようになっていたようです。

そんな私が「何かが変わった」という実感を持つことができたのは、
中学２年のとき。ある時期を境に、腕相撲が急激に強くなったのです。
ついこの前まで歯が立たなかったクラスメイトを、
簡単に倒せてしまった自分がいました。もちろん特訓などしていません。
ほかにも、走ったり、投げたりはもちろん、力の入れ方など、
劇的に感覚が変わりました。
振り返れば、自由に外で野球をしたり、魚釣りを竿から作るといった、
さまざまな身体経験が、急にかみ合ってきたような気がします。
その時はとても不思議でしたが、いま考えてみると、その時期に、
目と脳と身体の連動がスムーズに行えるようになったのだと思います。

ほかにも、私は、小学校高学年で習うローマ字のしくみが、
まったく理解できないまま中学生になったのですが、
英語を授業で習い始めることで、ようやく理解できるようになりました。

私の成長は、どうやら中学時代に急速に訪れたようですが、
日々、さまざまな遊びを通じて体を動かしていたことが、
実を結んだように思えてなりません。
振り返ってみると、鏡文字を書いていた頃の私は、
身体を動かすことは好きだったものの、思うように動かすことができず、
負けず嫌いで、勝手に友だちをライバル視していたように思います。
石投げも友だちのほうが遠くまで飛ばせる、

用水路を飛び越せず、一番に落ちるのは私……。
痛いだけでなく、悔しい、恥ずかしい思いもしながら、
「どうしてあいつができるのに、オレはできないんだろう？」
と、考えていました。
負けず嫌いだったことが、結果的に功を奏したのでしょう。
友だちの様子を見て真似をしてみたり、自分なりに工夫をしたりして、
失敗しながらもコツをつかんでいったのです。

視機能と眼球運動

ビジョントレーナーになったいま、こうした子どもの頃の、
ひとつひとつの経験が視機能を高めることにつながっていたのだと、
身をもって感じています。

外でさまざまな遊びを経験することは、
視機能を最大限に活用することにつながります。
特に、視機能のうち①ピント調節機能、②周辺視野確保機能、
③両眼視機能の３つを繰り返し使うことは、眼球運動になるだけでなく、
眼の周りの外眼筋を鍛えていくことにもつながります。
外眼筋が鍛えられれば、眼のクセに引きずられることも減り、
よりスムーズに眼球を動かすことができます。
昔の子どもはこうして日々の遊びを通じて、
自然に外眼筋を鍛えていくことができたのです。

素早くスムーズに眼球を動かし、ピントを合せることができると、
質のいい情報を脳へ伝達することができます。
それが視機能の④イメージ機能、⑤運動感覚機能の向上につながり、
体を動かすことで、眼と体の連動性も高まっていくのです。

本当に「眼がいい」状態とは

ここまでのお話で、本当の「眼がいい」状態が、イコール、
「視力がいい」ことではないことをおわかりいただけたと思います。
本当に見える眼とは、以下の3つの要素を満たした眼のことをいいます。

①2つの眼を動かして正確に対象を見る力
②眼で見た対象を脳の中でイメージする力
③脳でイメージした通りに体を動かす力

視機能を高め、この3つの力を手に入れるにはどうしたらいいのか？
これまでにお話しした通り、日々の生活の中で、
自然に視機能を高めることが困難ないま、
専門のトレーニングが開発され、普及してきています。
それが、私の専門とする「ビジョントレーニング」です。
**正しい泳ぎを習わなければ正しく泳げるようにならないように、
正しい眼の動かしかたを習わなければ、
正しく見える状態にはならないのです。**

とはいえ、お金や時間の面でネガティブに考える必要はありません。
ビジョントレーニングは、親子で楽しく遊びながら行えるものです。
一緒に行ううちに、子どもだけでなく、親の視機能も高められます。
よく「筋肉は裏切らない」と言いますが、眼の筋肉も同じ。
運動と一緒に、正しいビジョントレーニングをすればするだけ、
子どもの眼はその思いに応えてくれます。

次の章からは、いよいよビジョントレーニングの具体的な方法について、
お話ししていきます。

COLUMN
視覚と五感の関係

当たり前ですが、脳は自分で見たり、触ったりできません。脳は、身体という「媒体」を利用して外部から「情報」を得ているわけですが、その情報をまとめて「五感」といい、次の5つの身体感覚で構成されています。

・視覚……見る（87％）

・聴覚……話を聞き、音を聞き分ける（7％）

・嗅覚……においを嗅ぐ（3％）

・触覚……触る（2％）

・味覚……味を感じる（1％）

上から順番に、感覚に占める割合が高いわけですが、健常者の場合、なんと視覚は87％もの割合を占めています。「人は見た目が9割」というのも、うなずける話です。しかし、実は視覚は、ただ見えているだけでは機能しないということ、ご存じでしたか？

たとえば、野球の球を初めて持った子どもが、最初からキャッチボールできるでしょうか？ 何度も投げることで感覚の微調整を行い、正確に投げられるようになっていきますよね。

自分の慣れた場所なら大丈夫でも、慣れていない場所ではコントロールが定まらなくなるのも、視覚が絶対ではない、ひとつの例です。視覚は、過去の経験・練習・学習を糧にして、徐々に発達していくのです。

● **視覚×聴覚**

あなたのお子さんは、音に過敏ではありませんか？

大人でもそうですが、視覚と聴覚がうまくかみ合っていないと、日頃から小さな音に過剰に反応したり、会話の声が必要以上に大きかったり、騒がしい場所で会話ができなかったり、睡眠中でも小さな音で起きてしまう

……など、生活にも支障が出てきます。

人の耳は程度の差こそあれ、「妨害音」と「目的音」を聞き分ける能力がありますが、「聞いたことのある音と、音の発信源をしっかりひもづけできている」ことが必要です。このひもづけができていないと、すべての音に不安を覚え、いちいち反応してしまうのです。

●視覚×嗅覚×味覚

嫌いなもの、美味しくないものを食べる時の子どもは、飲み込むまで鼻をつまんでいませんか？ また、かぜで鼻づまりがひどい時、味を感じますか？ 先ほどお伝えした通り、味覚の構成要素はたった1％。人は、味覚だけでは食事の魅力を感じきれていないのです。

口に含んでから、歯で歯ざわり、舌で舌ざわりを感じ、飲み込むことで味と風味を感じます。美味しくないときはどうでしょう？ 口に入れるたびに吐き出しますか？ 一度嫌いだと判断したら、同じ情報をイメージすることで食べる前にその味を思い出し、遠ざけますよね。

そう、97％をつかさどる視覚こそが、食べる場所、食べものの色味やお皿の盛りつけなどの見た目、過去に似たものを食べた経験を脳に投影し、味覚をサポートしているのです。

●視覚×触覚

知覚と同様、触覚過敏などの原因としても、視覚と触覚のひもづけができていないことや、触覚経験の不足があります。

脳の中には「スパイン」という細胞があり、赤ちゃんの時にわざと触覚過敏にすることで、周りの状況を判断します。スパインは視覚（視力）の発達とともに不必要な細胞を切り捨てることで、正常な触覚バランスを保ちます。しかし、弱視などの先天的な視力障害で視覚の発達が遅れると、不必要なスパインが残ってしまい、触覚が乳児のまま成長してしまうのです。この場合、触覚への刺激を極端に嫌がる場合が多いのですが、見る、触るの経験をたくさんさせることで理解（発達）させていけば大丈夫です。

第2章

ビジョントレーニングが子どもの「生きづらさ」を救う

ビジョントレーニングの歴史

視機能の発達不全からくるさまざまな問題を解消するのが、
ビジョントレーニングです。
その名前を「最近になって、初めて耳にした」
という方も多いでしょう。
しかし、その歴史は意外と古いのです。

**ビジョントレーニングは、軍隊用のトレーニングとして、
20世紀初頭のアメリカで生まれました。**
「中世ヨーロッパで弓の名手はみな、視機能が発達していた」
という史実に着想を得て、おもに狙撃手や空軍のパイロットなどの
ために開発されたといわれています。

その後、1961年からのジョン・F・ケネディ大統領の時代に、
副大統領を務めたリンドン・ジョンソンが、
発達障害だった娘のためにビジョントレーニングを行ったところ、
症状が大きく改善したことで、
一躍アメリカでその名を知られることとなりました。

1970年代にはアスリートの中にも取り入れる人が出はじめ、
1990年代までメジャーリーグのスター選手として活躍した、
ジョージ・ブレッドは、その卓越した打撃力が、
ビジョントレーニングのたまものであることを公言しています。

日本では、プロ野球のイチロー元選手が、
いち早くビジョントレーニングに着目しました。
それに追随するように、多くのプロスポーツ選手が取り入れていく中、
一般にその名称が浸透しだしたのは、

ビジョントレーニングの先駆者でもある、
北出勝也先生が活動を始められてからでしょうか。
先生が老若男女問わず指導されている中で、ボクシング選手で、
ロンドンオリンピック金メダリストの村田諒太さんが、
推奨者として名を連ねていることもあり、
一気に「ビジョントレーニング＝視機能トレーニング」
のイメージが高まったように記憶しています。

眼球運動の重要性

こうして、日本ではスポーツと密接に関連しながら浸透していった
ビジョントレーニングですが、
誕生の地であるアメリカでの歴史をひも解くと、
実はまず「発達障害を改善させるもの」として浸透していったことに、
驚かされます。

日本では、動体視力の向上が見込めることで、
まずアスリートに注目されだした一面はあるものの、
すでにお話ししたように、眼球運動を基本として、
「視機能」を高めることがビジョントレーニングの本質。
動体視力の向上などは、効果のほんの一部にすぎません。

**実は、そもそも、私たち人類は眼球運動そのものの重要性を、
トレーニングとして確立されるずっと以前から認識していたようです。**
3世紀には、すでにチベット仏教の修行の一環として
取り入れられていたといわれます。

古代チベットでは、上は嗅覚、下は味覚、左は聴覚……といった具合に、

眼球の向きや動きは、五感や身体機能と因果関係にあり、
「まんべんなく眼を動かさないと、機能に偏りができてしまう」
と考えられていたようです。
そのため、感覚の欠如を生まないためにも、
眼球運動は大切と考えられていました。

朝目覚めてから、夜眠りにつくまで、
私たちはさまざまな眼球運動に支えられているのです。

たとえば、本を読む動作で見てみましょう。
本を開いて、文字を眼で追います。
そのために、外眼筋で眼球を動かし、
毛様体筋で文字にピントが合うように水晶体を膨らませ、
虹彩の括約筋で瞳孔を小さくします。
外眼筋、毛様体筋、括約筋。この３つの筋肉が活動しないと、
手元の文字は見えません。

外眼筋はさらに、ズラリと並んだ文字や行を飛ばしたりせず、
正確に追っていく作業のために活動を続けます。
それはたとえば、鉄棒にぶら下がり、
落ちないように我慢するような、かなり過酷な状態です。

このように、本ひとつ読むのにも、眼のまわりでは、
さまざまな作業が必死に行われているのです。

「黒板の文字をノートに書き写す」
という高度な作業

また、近くのものを見るときと、遠くのものを見るときの眼の作業は、
異なります。
そのため、「遠くと近くを交互に見る」という行動は、
かなり高度な作業を眼のまわりに求めることになります。

小学校に入学してすぐ、子どもはこの高レベルな作業を、
1日に4〜5時間も強いられることになります。
そう、「先生が黒板に書いたことをノートに書き写す」作業です。

まず、遠くにある黒板の文字をきちんと追えているか。
小学校低学年では、すべて追いきれない子どものほうが多いでしょう。
先生が左から右に横書きしていても、右から左に追ってしまう子、
また縦に追ってしまう子がいても、不思議ではないのです。

もっとも多いのが、黒板の文字を一文字ノートに書き写しては、
また黒板を見て、次の一文字書き写していくという子どもです。
見たものは、網膜上に映像として約5秒間残ります。
一文字一文字、黒板を見ながら書いている子は、
網膜上の映像をただ書き写しているだけで、理解はできていないのです。

正しい方法は、黒板の文字を見て、網膜上に映された映像を、
脳内に記憶すること。そこで初めて、自分なりに理解したことを、
整理してノートに書く、という動作が可能になるのです。

網膜上の映像をそのまま書き写す作業は、書いてはいても、
その意味がわからない。

わからないから、面白くない。
面白くないから、続かない。
続かないから、さらにわからなくなる……。
これではフラストレーションがたまるのも、当然ですよね。

人間的な前頭葉、動物的な脳幹

こうした日常的な作業に対応するために視機能を高めることは、
脳の中の「前頭葉」の機能を高めることでもあります。
前頭葉が発達しきっておらず、思うように機能しない場合、
穴埋めをするのは「脳幹」です。

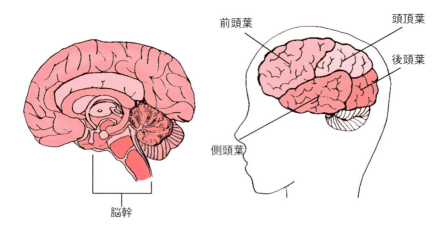

前頭葉は、理性を司る場所でもあります。
前頭葉が発達すると、人は自分の感情を抑制し、
相手の表情や反応を読み、周囲に配慮できるようになります。

対して、脳幹は延髄部分にあるため、外からの要因に対して、
条件反射的な行動に出ます。
例えば、スーパーでほしいものを買ってもらえない子どもが、

床に寝転がって泣きわめく。
それは本能的、動物的な行動ともいえます。

少し大げさな言い方になりますが、前頭葉をきちんと発達させられるか、発達させられないかということは、「人として生きられるかどうか」の分かれ道といえるのです。

生まれてから十分な訓練も受けず、前頭葉が未発達なままの子どもが、いまたくさんいます。
それに対し、学校側が最初から「正確に見えている」ことを前提に、すべての教科を進めていくことに、私は大きな疑問を感じています。

あくまで私の理想論ですが、国語・算数・理科・社会などの主要科目は、小学4年からでいいのではないかと考えています。
それまでは学校でもビジョントレーニングを重ね、視機能と前頭葉を、しっかりと発達させることが大切だと思います。
そうすれば、どれだけの子どもが挫折することなく、学ぶことを、体を動かすことを楽しめるか。
それにより、どれだけの子どもの才能が花開くだろうかと思うのです。

子どもの眼の成長

ビジョントレーニングはどの世代にとっても有効ですが、もっとも伸びしろが高いのが6歳から13歳まで。
この時期のことを「眼のゴールデンエイジ」といいます。

**しかし、本当に大事なのは、
「ゴールデンエイジの本格的なスタート地点と言われる8歳までに、**

いかに視機能と前頭葉の発達を促しておくか」です。
ゴールデンエイジの利点を最大限に活かすためには、
後半からではなく、前半の８歳までに、
相応の「土壌づくり」をしておくことが不可欠なのです。

産まれたばかりの赤ちゃんの視機能は、ほとんど発達しておらず、
視力も 0.02 くらい。
色の違いも、うまく識別できません。
赤ちゃんが親などを見て笑うのは、
「知っている人だ」などと認識しているからではなく、
守り育ててもらうための防衛本能といわれています。
「かわいい」と思ってもらわないと育ててもらえない。
そうした本能的な危機感が、笑顔をつくらせているのです。

このとき、自分を守り育ててくれる存在のことを子どもは触覚、
嗅覚、また空気感のようなもので認識しています。
両親ではない人に抱っこされると泣き出す赤ちゃんが多いのは、
見て反応しているのではなく、触覚で「違う」と判別するからです。

生後３カ月から半年をかけて、ようやく視機能が向上してきて、
人の顔が認識できるようになります。
寝返りをうてるようになるのも、視機能が育っている証拠。
寝返る方向に眼球を向けられなければ、寝返りはできません。
そのため、眼がよく見えていない子どもは寝返りも遅いというわけです。

ベビーベッドの上でくるくる回るおもちゃなどは、
寝ながら視覚刺激を得るトレーニングになるので、有効です。
でも、何よりのトレーニングは、お母さんが目を合わせる時間をつくり、
さまざまな表情を見せること。

スマホやタブレット、DVDを見せておくというのは、
忙しいお母さんにとって「鉄板」のお助けアイテムなのでしょうが、
残念ながら子どもにとってはマイナスなことが多いのです。

眼に入ってくる光の質によって、脳のはたらきは違ってきます。
デジタルは透過光、本などは反射光となるのですが、透過光に対し、
脳は感情モードに切り替わり、反射光に対しては思考モード、
知的モードに切り替わります。

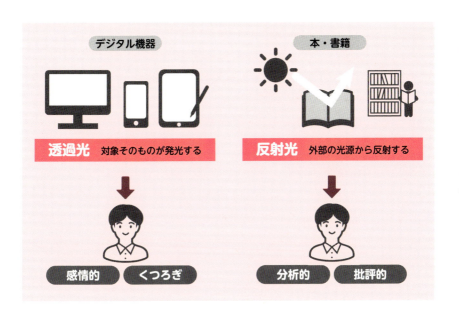

子どもに見せるのなら、スマホより絵本。
それも、お母さんが読み聞かせをするのに勝るものはないといえます。

立体視を構築する時期

ハイハイから、立ち上がってのつかまり立ちができるころ、
二次元で平面的に映像をとらえていた段階からひとつ進んで、
三次元での「立体視」ができるようになっていきます。

立体視を構築するために大切なのは、一にも二にも運動です。
「あちこち歩きまわって危ないから」と、
柵のあるベッドの中でしか動けないようにしてしまうと、
視機能だけでなく、運動能力の向上をも妨げてしまうことになります。

赤ちゃんは、引き出しなどを開けたり締めたりすることで力の加減を、
高いところに手を伸ばしたりすることで、
視線や体の高低バランスをコントロールすることを覚えていきます。

私の信頼する助産師さんから聞いた話ですが、
「『転ぶと痛い』ということを覚えるのも、大事なトレーニング。
転んでも、頭を直接ぶつけないためのグッズが売れているようですが、
実は『子どもの成長のために与えてはいけないもの』のひとつなんです」
とおっしゃっていました。

ここで十分に運動能力が向上せず、
立体視をきちんと構築できないまま大きくなってしまった子どもは、
自分と対象との距離感が認識しづらい、という問題を抱えてしまいます。

ボール遊びなどは当然苦手になりますし、
友だちに「ねえねえ」と軽く肩を叩いたつもりが強く叩いてしまい、
ケンカになったり嫌われたりする、ということになりがちなのです。
運動の経験不足が、他者との感覚の不一致を招いてしまうのです。

この立体視や距離認識の能力は、小学校低学年ではまだ弱く、
13歳くらいまでに完成されるといわれます。
「完成」といっても、その完成度は人それぞれ。
ゴールデンエイジの恩恵をめいっぱい受けて、
一流アスリートばりの「鷹の眼（のような空間認知力）」
を得る子どももいれば、そこそこでとどまる子どももいます。

子どものうちは強くない能力として、色認識もあります。
7歳くらいまで、知覚しやすいのはおもに原色。
アンパンマンやディズニーなど、子ども向けのキャラクターの多くが、
原色で構成されているのには、そうした意味合いもあるのです。
桜や紅葉の繊細なグラデーションを「美しい」と感動できるまでには、
時間がかかるということです。

「大人の眼」になる前に

視機能と前頭葉の成長が終わり、
子どもの視力が大人と同程度まで発達するのが、8歳から9歳のとき。
つまり、感受性期（正常な視力を獲得できる時期）の終了を意味します。

言い方を変えると、土壌を整えられるのはここまで。
ここから先は、スキル面（経験と感覚との統合）に特化されていく、
ということになります。
**感受性期が終了するころまでに、気をつけておいたほうがいいのが、
「弱視」と「斜視」です。**
矯正しても視力が0.9以下のことを「弱視」、正面を見ているとき、
黒目が正面にこないことを「斜視」といいます。

弱視や斜視は、2～3歳から正しい弱視治療や視能訓練を行えば、大いに完治が見込めますが、スタートが遅くなればなるほど、機能回復が小さくなり、8歳以降での回復はかなり難しくなります。

早くトレーニングを始めれば始めるほど、完治する可能性が高いため、お父さん、お母さんは子どもの眼を注意深く見て、1日でも早く気づいてあげてほしいと思います。

「弱視」を見分けるポイント

斜視は素人でもすぐにわかるため、
ここでは弱視の見分け方についてお話ししておきましょう。

弱視の子どもの特徴として挙げられるのは、
「体が傾き、まっすぐな姿勢を保てない」
「距離感をつかめない」
「表情に乏しい」
「元気がない」
「ボーッとしている」
「空を飛ぶ飛行機やヘリコプターに反応しない」
などです。

楽しいときや大好きなものを見つけたときなど、
子どもは目をキラキラさせて喜ぶものですが、
弱視の子どもにはそれがありません。
「おとなしい」では片づけられない覇気のなさが見えるのは、
単に「見えていない」からなのです。
距離感がつかめないので、投げられたボールを受け取ることが難しく、

ボール遊びは嫌いです。

4～5歳になると、弱視ではない同年代の子どもにくらべて、
明らかに様子が違うので、気がつきやすいと思いますが、
少しでも「変かな？」と思ったら、できれば2～3歳のうちに、
小児眼科で検査を受けることをおすすめします。

「眼のゴールデンエイジ」にすべきこと

大人の眼になる8歳までは「土壌づくり」とお話ししました。
それは、ビジョントレーニングで視機能と前頭葉を発達させること。

そして、6歳から13歳にあたる「眼のゴールデンエイジ」では、
「小脳」の機能を発達させることが大切になります。

**前頭葉が理性を司っている場所なのに対し、小脳は運動機能を司る場所。
ゴールデンエイジの間に、脳機能と感覚統合の土台を作っておかないと、
運動機能だけでなく、コミュニケーションの面でも支障が生じます。**

たとえば、
「距離感がつかめないため、人とぶつかる」
「人の表情が読めない」
など。

そうしたことを避けるため、この時期は日常生活を通して、
眼や体、五感のすべてを刺激することが重要です。

本書で紹介するビジョントレーニングはどれも、

家の中でできるものばかりですが、それには理由があります。
それは「外で思う存分、遊べるための土台」を作るためなのです。

昔の子どものように、何か特別なトレーニングなどしなくても、
生活や遊びの中で自然に発達してくれるのが一番ですよね。
外でキャッチボールができれば、友だちも増えるし、
野球もできるようになります。
友だちと会うために、自然と外に遊びに行くようにもなるでしょう。

しかし、子どもが抱えている眼の問題に気づくことなく、
「なんで、うちの子は外で遊ばないんだろう？」
と悩んでいるだけのお父さん、お母さんが多いのです。

考えてみれば当たりまえですが、周囲がよく見えなかったり、
ボールがうまく取れなかったりすれば、
外で遊ぶには二の足を踏んでしまいますよね。
そういう子にスマホなどを安易に与えてしまうのが、一番危険。
本来、発達すべきものを眠らせたまま、
貴重なゴールデンエイジを終えてしまうことになるのです。

コオーディネーション能力を構築する7つの力

小脳こそ、ゴールデンエイジの間に鍛えなければならない場所であり、
鍛えることによって向上していく能力を「コオーディネーション能力」
といいます。
コオーディネーション能力は、次の7つの力の集まりです。

> ①定位能力
> 人やものの位置情報を認識し、それに対する動作を認識する能力
> ②変換能力
> 状況の変化に対応して、素早く動作を切り替える能力
> ③リズム能力
> 聴覚的・視覚的リズムと動作リズムを対応させる能力
> ④反応能力
> 合図を正確に感知し、素早く的確に反応して動作に移す能力
> ⑤バランス能力
> 崩れた態勢を修正し、全身のバランスを保つ能力
> ⑥連結能力
> 身体各部位をタイミングよく効率的に同調・連動する能力
> ⑦識別（分化）能力
> 眼と体の連動（協応）動作を高め、ボールなどを正確に扱う能力

以上の7つの力を組み合わせて、
「状況を感知し、その情報を脳で認識・判断し、具体的に筋肉を動かす
という一連の動作をスムーズに行う」ことが、
ゴールデンエイジに求められていることなのです。
このコーディネーション能力を高めるためにも、
8歳までの土壌づくりが大切な理由がおわかりいただけたと思います。

スポーツの早期英才教育にひそむ危険

最近では、卓球やアイススケート水泳などにおける世界の舞台で、
10代の選手が大活躍していますよね。
彼ら・彼女らが2～3歳の頃から競技を始めていることに感化され、
わが子を特定のスポーツや習いごとに通わせる例が多く見られます。

しかし、残酷なことを申し上げるようですが、
世界で活躍できるような選手になれるのは、そのうちのほんのひと握り。
100人中99人、
いえ、1000人中999人は挫折するのが現実でしょう。

**私は職業柄、スポーツに打ち込む子どもをたくさん見てきましたが、
早くから「それだけ」をやってきた子どもは、
ケガなどでその道を断念しなければならない状況になったとき、
なかなか立ち直りにくい傾向にあります。**

「サッカーがダメでも、他にもできるものがあるよ」と言っても、
「自分にはサッカーしかない。もう人生終わりだ」
とまで思い込んでしまう子どもが多いのです。

**意外と知られていないのですが、特定のスポーツだけやってきた、
という子どもは、運動のトータルの経験値という視点で見れば、
「低い」という評価になってしまうケースが多いのです。**
親としては子どもに「特別な教育」を提供しているつもりでいても、
実際には、視機能も運動能力もバランスよく向上できない状況を
与えていることになっているのです。

バランスが悪い子どもは結局、体をうまく使うことができず、
ケガをする確率も高くなります。
これは、とても不幸なことだと思うのです。
こうした不幸を防ぐためにも有効なのが、ビジョントレーニングです。

そろそろ、実際のケースが知りたくなってくる頃ですよね。
次に、ビジョントレーニングによって驚くような変化を見せた、
子どもたちの例をお話ししていきましょう。

ケース1 お姉ちゃんの「ついで」に連れて来られたAくん

私の勤める眼鏡店に、お母さんに連れられて、3歳年上のお姉ちゃんと一緒にやってきたのが、小学1年生のAくんでした。

開口一番、お母さんは私にこう言いました。
「上の子は勉強もスポーツもできるんですが、最近、眼が悪くなってきたみたいで。心配なので、見ていただきたいんです」

お母さんの言葉通り、お姉ちゃんはとても賢く活発で、
ビジョントレーニングも楽しんでやってくれました。
お母さんが心配している眼も、少々「近視」という以外、大きな問題もありませんでした。

私が気になったのは、お姉ちゃんではなく、弟のAくんでした。
明らかに元気がなく、不安そうな表情のままです。
思わず、お母さんに、
「弟さんのほうは問題ないんですか？」
と尋ねたところ、お母さんから返ってきたのは、
「弟のほうは、勉強もスポーツもできなくて、何を言っても反応が鈍いんです。女の子と違って、男の子は育てづらいものですね」
という言葉でした。

**その言葉に心配になった私が、Aくんの眼をチェックしてみると、明らかに「弱視」が疑える症状がありました。
近くを見るときに、黒目が外に向いてしまう症状もありましたが、そのことにもお母さんは気づいていなかったのです。**

検査したところ、Aくんの左目は、
神経が遮断されている「抑制状態」にあり、
右目しか見えていないということがわかりました。
脳は排他的な性質をもっているため、「左目は使えないな」
と認識すると、そのスイッチ（神経）を切ってしまうのです。

Aくんの眼は弱視は左右とも同じ程度でしたが、
外斜位で遠視も入っており、調節が効きづらい状態にありました。
その分、効き目である右目に頼ってしまった結果、
左目が「使えない」ことになってしまったのです。
右目でしか見ていないので、体も右側を少し前に出す姿勢になり、
傾いてしまっています。

そもそもよく見えないので、
自分を取り巻く世界が、いつもぼんやりとしていたのでした。

そのことをお母さんに告げると、
「長い間気づいてあげられなかったなんて……」
とショックを受けた様子で、涙を流されていました。
お母さん自身は目がいいため、「見えて当たり前」でした。
そんな自分の子どもが「見えない世界」に住んでいるとは、
夢にも思わなかったのです。

けっして、このお母さんが特別なのではありません。
人は、自分が経験したこと以外は気づけないものです。
お母さんには、後日小児眼科で検診を受けること、そして、
Aくんと一緒に毎日、ビジョントレーニングのカリキュラムを
行うことをすすめました。

私はお母さんに、こう伝えました。
「これまでしたことがないような運動や、
経験していないことをたくさんさせてあげてください」と。

Aくんは、まわりが見えづらいことから何事にも消極的になり、
平均的な小学1年生が経験していることの多くを、
これまでやらずにきていました。

外で友達と遊ぶことはもちろん、ドッジボールなどもってのほか。
家の中では、特に絵を描くことを嫌がっていたといいます。
描く対象自体がよく見えていないのですから、
「描いてみなさい」と言われても、
何をどう描けばいいのかわからなかったのでしょう。

しかし、トレーニングをはじめて1カ月後、
Aくんが笑顔で挨拶をしてくれるようになりました。
1カ月前は姿勢が悪く、じっと座っていることもできなかったのが、
そのときはちゃんと座って、トレーニングを最後まで受けられました。

3カ月後には、字も上手にかけるようになり、
学力テストでも全教科で、全国平均を上回るまでになりました。

実は、Aくんは知的障害を疑われ、
学校から「特別学級に入れてはどうか」という話が出ていたといいます。
もちろん、いまではそんな話はなくなりましたが、
もしAくんがビジョントレーニングを受けないままだったら……
と考えると、本当に怖い話だと思います。
しかし、そんな子どもたちが私たちの知らないところにたくさんいる、
ということもはまぎれもない事実なのです。

Aくんはすでに6歳になっていましたが、
小児眼科での弱視治療により、弱視を免れることができました。
以前より格段に見えるようになったことで、性格も変わっていきました。

なかでも、描く絵の変化には目を見張りました。
色鮮やかでいきいきとしたその絵は、
「見える」ことが楽しくて仕方ない！
そんなAくんの喜びがあふれているようでした。
小学3年から6年まで、3年連続で県の絵画コンクールに入選し、
Aくんにとって絵は「大好きで得意」なものになったのです。

左が小学校1年時、上が3年時の作文。
2年間で、だいぶうまくなっているのがわかります。

上が幼稚園時、右が小学校1年時の絵。
わずか1年間で、かなり上達しています。

ケース2 トレーニングで苦手なフォアハンドを克服

　6年生のBちゃんは、市内でも有名な卓球少女でした。
強いのですが、県の代表に、あと一歩で選ばれない。
その壁を破りたいと、ビジョントレーニングにやってきました。

　検査をすると、外斜位で、視力は 0.4。
学校の視力検査では 0.8 ということで、
「眼鏡は必要なし」とされていたそうですが、
学校で行う検査はカンで答えて当たることもあり、正確ではありません。
卓球というスポーツにおいて、0.4 という視力は問題があります。
視力はビジョントレーニングでは上がらないため、
メガネで対応してもらいました。
もうひとつ、Bちゃんには「毎回、同じようなミスをしてしまう」
という悩みがありました。
私が「ミスするのは、フォアハンドでしょう？」と言うと、
Bちゃんはびっくりして「どうしてわかるんですか？」と言いました。

　Bちゃんは、目の動きに偏りがあったのです。
右目はスムーズに動くので、バックハンドには問題ありません。
しかし、左目は思うように動かないため、
フォアハンドに対応しきれていなかったのでした。

　ビジョントレーニングで眼球運動を毎日しっかり行うことで、
左目がスムーズに動くようになるにつれて、
フォアハンドのミスも少なくなっていきました。

　また、卓球のような利き手をフルに使う競技では、
体のバランスが悪くなりがちです。

そこで、トレーニングでは左手を使い、バランスを調整していきました。
バランスがとれ、ミスも少なくなっていったことで、
Bちゃんは試合でのラリーの組み立てが飛躍的に上手になりました。
将棋はよく「三手先まで読んで指す」といいますが、
Bちゃんの卓球もそのように変化していったのです。

特に効果的だったのが、次章で紹介する「メンタルローテーション」や
「記憶ドット」というビジョントレーニングです。
頭の中でイメージを回転させるトレーニングを積むことで、
試合の流れを俯瞰で見て、球筋を予測することが可能になりました。

トレーニングを始めて、Bちゃんは念願の県代表に選ばれました。
それだけでなく、なんと全国3位の成績をおさめることができたのです。
うれしそうに報告してくれたBちゃんの顔が、忘れられません。

卓球大会で、
念願の県代表に選ばれました。

そして、全国3位に！

ケース3 特別学級から一転、東大を目指す進学校へ

「はじめに」でもお話しした小学5年生のCくんは、「読み書きが苦手」ということで、ビジョントレーニングを受けていました。

コミュニケーション過剰と言えるくらい元気のいいCくんは、
ひと目で「外斜位だな」とわかりました。
案の定、トレーニング中も集中力がなく、
すぐ床にゴロンと横になってしまいます。

人との距離感がとれず、ぽっちゃりとしていて体も大きいので、
本人に悪気はなくても乱暴な印象を人に与えてしまいます。

その中でもお母さんが一番心配されていたのが「読み書き」。
特に漢字の書き取りは、一文字書くのに、15分もかかります。
お手本を真剣な眼差しで見ながら、一偏一偏、ゆっくり書きます。
その字は当然、マスの中に収まらず、バランスもとても悪いものでした。

読むほうも、ひっかかりつっかかりがあり、
あまり読みたがりませんでした。

しかし、お母さんと一緒にビジョントレーニングに取り組んで、
3カ月が経った頃には、15分で漢字を1行書けるようになりました。
その1カ月後には「15分で1ページ書けるようになった」と、
得意そうに報告してくれました。

実はCくん、IQが140もあったのです。
その頭のよさを裏づけるように、一度できるようになると、
面白いようにどんどん進歩していきます。

この本来の頭の回転のよさに、体が、特に手がついてこない。
小学5年になるまで、どれだけ歯がゆかったことでしょう。

クラスメイトに暴力を振るうということで、
Cくんは小学校では特別学級に入れられていました。
その暴力は、思うように手が動かないイライラからくるものに違いない、
と思いました。

**しかし、人並みに字が書けるようになってきたことで、
Cくんはイライラから解放され、精神的にも落ち着いていきました。**
友だちとも仲良くできるようになり、特別学級から普通学級へ。
放課後に通っていたビジョントレーニングからも卒業し、
友だちと遊ぶ、普通の小学生になっていきました。

中学受験を勝ち抜き、私立の進学校に入学したCくんはいま、
早くも東大を目指しているそうです。

これは、私が幼稚園児の時に書いた自分の名前です。
「ぶどう（ぐみ）こまつよしひろ」の「ど」が鏡文
字になってしまっています。

ケース4 ビジョントレーニングで性格まで変わる

小学4年生のDくんは、内斜位で眼球がスムーズに動かせず、
最初は、片足で立つことすらできませんでした。

トレーニングでは、片目をつぶって片足立ちしてもらうのですが、
両目を開いていても片足ではバランスがとれませんでした。

そんなDくんも家でも毎日、ビジョントレーニングを重ねた結果、
1カ月後には片目片足でちゃんと立つことができ、
なんと、片足を上げたままでキャッチボールができるまでになりました。

面白いもので、できることが増えると同時に、
できないことも増えていきます。

苦手だったドッジボールに参加するようになったDくんは、
「家でのキャッチボールと違って、ドッジボールは早くて当たると痛いんだ。最初は当たってばっかりだったけど、今は取れるようになったよ」
と報告してくれました。

家でのキャッチボールができたことで自信をつけたDくんは、
ドッジボールに参加したことで、もう一段、階段を上がったのです。

ドッジボールは、周辺視野も必要とされるので、
ビジョントレーニングの一環として非常にいいスポーツです。
内斜位で内向的だったDくんは、ドッジボールが大好きになり、
「ドッジボールしようよ」と積極的に友だちを誘うようになりました。
仲良しの友だちもたくさんでき、毎日楽しく学校に通っているそうです。

こうしたビジョントレーニングによる改善例は、
まだまだたくさんあります。

眼の問題を抱える子どもは、問題解決の糸口をつかむと、
大人が目を見張るスピードで進化を遂げていきます。

我が子にそうしたきっかけを与えるのは、親の務め。
そして、そうしたお父さん、お母さんと一緒に子どもに寄り添うのが、
ビジョントレーニングなのです。

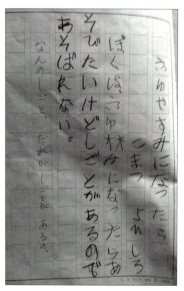

これは、私が小学1年の時の作文です。
「こまつよしひろ」のはずが
「こまつよひしろ」に（笑）。

COLUMN
運動の「量と質」が9割

私は、ビジョントレーナーとして日々、発達障害（と言われている）の子どもたちに関わっていますが、皆に共通しているのは、「運動の質と量の低下、そして環境の変化が発達の隔たりを生む」ということです。

人は生まれてから1、2か月ほどで徐々に眼でものを追えるようになり、体重移動を覚え、通常、生後半年前後で寝返りをうてるようになります。しかし、寝返りをうつ時に視線を寝返りする方向に向けられていないようだと、ベストな発達とは言えません。

生後半年のこの時期は、これからの視覚の発達度合いに密接に関わっています。なかでも移動運動の「ハイハイ」はとても重要で、ずりばい→肘ばい→高ばいと発達していきますが、その際に遠くのものを取る力、両眼で遠くのものを立体的に見る力、寄り目で近くのものを捉える力の3つを身につけます。そして、「オプティカルフロー」の発生により、両眼視機能、寄り目をする力、体幹、空間把握能力がさらに発達していきます。これらを経験しないことが、脳の発達を阻害してしまっているといえます。

ちなみに、オプティカルフローとは「自分自身が移動し、加速することで発生する周辺視野の移動」を指します。周辺視野が動くことで自分の運動を分析し、空間認知をしているのです。体操の選手が空中であれだけ回転しても地上を見失わないのは、この機能のおかげです。この機能を鍛えるには、散歩などで周辺視野の移動を発生させることを繰り返すのが大切です。

最近、10代のスポーツ選手の活躍が話題となっていますよね。憧れもあるのでしょう、親御さんの意向で3歳くらいから競技に取り組む姿をよく見ます。しかし、本当にそれでいいのか、少し考えてみる必要があります。

あまり知られていないのですが、アメリカの部活では、生徒はシーズンに合っ

たスポーツを複数、バランスよく行います。しかし、日本ではひとつの部活に専念することをよしとする風潮が強く、同じ運動を年間を通じて繰り返し行うため、結果的に身体を酷使することになり、ケガや挫折を生むケースが非常に多いのです。

私の考える理想の運動の流れは、「0～2歳は寝返り、這う、転がるなどの移動運動、2～6歳は歩く、走る、起きる、飛ぶ、ボールを投げる、打つ、などの基本運動、5～10歳まではドッジボールやポートボールなど、ゲーム要素の強いスポーツを中心にする」ことです。

つまり、遊びを通して基本技能を高め、脳や身体の発達をある程度まで発達させた10歳くらいから、本格的なスポーツへ進んでいけばいいのです。そうすることでケガも予防でき、運動・競技に対しての理解の 向上も早まります。身体機能が未成熟の頃からひとつの競技に長期間取り組むことは、実は非常にリスクが高いことだと知っておいてください。

時代は変わり、生活の至るところでデジタル化が進んでいます。とても便利になった反面、体の機能を使うことが少なくなりました。それにつれて、走ることも泳ぐことも、遊びの中ではなく、手取り足取り教えてもらわないとできない子が増えてきています。

人間は体験から学ぶ生きものですが、何かと便利になり、学習する機会を奪われ、公園の規制が行われ、運動の機会も奪われていきました。

運動による機能が未発達のまま勉強に取り組まされ、学校の授業についていかなければ塾に通わされ、できなければ発達障害、学習障害と言われてしまう。子どもにとって、とても生きにくい環境を大人たちは作ってしまっていると言えます。

現に、国立青少年教育振興機構からも、小学校まで遊び中心だった子どもと塾通い中心だった子どもの最終学歴を比べると、皮肉にも遊んだ子の方が大学卒の比率や収入、生涯学習や読書の意欲が高いというデータが出ています。かように、子どもたちが臨界期（能力を学ぶのに適した時期）において充分な発達支援や遊びを通して、身体や脳の機能を獲得することは大切なのです。

第3章

子どもの「目の現在地」を確認するビジョンチェック

ビジョンチェックで
眼の「クセ」と「現在地」がわかる！

わが子が見ている「本当の世界」は、どんなものか。
その眼は、どんなふうにこの世界を映しているのか。
残念ながら、親は知ることができません。
そんな話を、ここまでしてきました。

しかし、見えている世界は、その子の性格や行動にまでも、
影響を及ぼすものです。
親として、できることなら把握しておきたいものですよね。

そんなとき、頼りになるのが我が子の「眼のクセ」。
これを手がかりにすれば、かなり多くの情報が入手でき、
我が子を正しく理解することができます。

眼のクセは、大きく分けて「内斜位」「外斜位」「上下斜位」の3つ。
この章で紹介するビジョンチェックで、我が子の眼のクセが、
どのタイプに該当するもなのか、一定の目安が得られるでしょう。

ビジョンチェック1から3は「眼球運動の基礎トレーニング」です。
このときに、子どもの眼球の動きをよく観察してください。
「右眼が動かしにくそうだ」
「寄り目にするのは得意だが、離していくのは苦手そうだ」
など、現時点での子どもの眼球運動がどのような状態 かがわかります。

これこそが、「眼の現在地」。
動かしづらそうにしているものは特に、
これから始まるビジョントレーニングの日々の中で、

意識してトレーニングしていってください。
「眼球が動かしづらい」という不調は眼だけの不調ではなく、
筋肉や、体にも影響を及ぼします。
眼球が正常に動くようになれば、その分、眼と体の連動性も高まり、
視機能、運動機能ともに向上するのです。

つまり、「眼の現在地」は、子どもが現在抱える問題の原因を、
教えてくれているともいえます。

最初はわかりづらいかもしれませんが、続けていくうちに、
眼球の動きの変化が見えてきます。
成果を焦らず、楽しみながら続けましょう。

眼のクセについて、
「いろんな傾向が入り混じっていて、どのタイプか判定しづらい」
というのは、クセに引っ張られないだけの力が外眼筋にあるということ。特に問題はありません。
ビジョントレーニングを続け、さらに外眼筋に力をつけていきましょう。

ただ、
「眼球の動きがすごく悪い」
「何日続けても改善しない」
という場合は、お近くのビジョントレーナーのもとで、
チェックを受けてみることをおすすめします。

ではさっそく、ビジョンチェックへ進んでいきましょう。

眼球運動の追従性
動いているものに対し眼球がきちんとついていけるか

1 親が、子どもの目の高さでペンを持ちます。

2 そのペンを、以下のようにゆっくり40センチほど（肩幅程度）動かし、子どもに目で追ってもらいます。

・上から下に

・下から上に

・右から左に

・左から右に

- 右斜め上から左斜め下に
- 左斜め下から右斜め上に
- 左斜め上から右斜め下に
- 右斜め下から左斜め上に
- 親のほうから子どものほうへ
- 子どものほうから親のほうへ
- 40センチ四方の四角を描くように

ポイント

- 視線はペン全体ではなく、ペン先に向けます。子どもがペン先を見るのが苦手な場合は、ペンのお尻側を先にしてください。
- 頭を動かさず、目だけを動かすようにしましょう。
- 左右を追うときは、黒目が見えなくなるくらいまで移動しているか、確認してください。
- 上、下、左右斜めを追うときは、黒目の中心が、目頭と目尻を真横に結んだ線よりもそれぞれ上、下にあるか（しっかり黒目が動いているか）を確認してください。
- それぞれの動きの終わりまできたらペンの動きを止め、そのまま目線を3秒間キープしましょう。目の周りの筋力を高めることができます。

※ これらの運動がきちんとできていない場合、子どもは視線を正しい位置に向けたり、正しい位置を維持しにくい状態にあります。しかし、それらは筋力や機能が十分に発達していないことが原因であることが多いため、トレーニングを続けることで改善できます。

●**内斜位**の場合

スタート時にあごを引きがち。視野が狭い傾向があるため、それぞれの動きを最後まで眼球の動きだけで追うのが苦手。その結果、頭が動きがちになります。

●**外斜位**の場合

スタート時、あごを上げがち。視野が広い傾向があるため、大きな動きにも対応できますが、注意力が散漫で飽きっぽい傾向があります。

●**上下斜位**の場合

スタート時、頭が左右どちらかに傾いてしまい、真まっすぐな姿勢を維持できない傾向があります（頭が左右どちらかに前傾する子どもは、屈折異常の左右差が大きい「不同視」の可能性があります）。

眼球運動の跳飛性 ①
動いているものに対し眼球がきちんとついていけるか

1 親が、両肩くらい開けた位置に、子どもの目の高さで、ペンを左右に一本ずつ持ちます。

2 子どもに「右」「左」と声をかけて、正しく左右に視線を飛ばせるかどうか、確認します。

3 同様に、「上下」「右斜め上・左斜め下」「左斜め上・右斜め下」にペンを持ち、正しく視線を飛ばせるかどうか、確認します。

ポイント

- 目標物を追うのではなく、異なる対象にきちんと視線を飛ばすことができるかどうかのチェックです。
- 声をかける速さ、リズムにきちんと合わせられるかが、重要なポイントになります。

※うまく視線を飛ばせない場合、黒板に先生が書いたことをノートに書き写すことが苦手だったり、本を読むときに行を飛ばしたり、文字を飛ばしたりなど、学習に影響が出ている可能性が大きいです。また、物を探すことや運動（特に球技）も苦手になりがちです。

●**内斜位**の場合

リズムに合わせようとしても、合わせづらい傾向があります。

●**外斜位**の場合

リズムを気にせず、自分勝手な速度でやりがちです。視線がペンよりも遠くにいってしまう傾向があります。

●**上下斜位**の場合

リズムを気にせず、自分勝手な速度でやりがちです。

※「ビジョンチェック１」がやりづらかった子どもは、このチェックはさらに難しくなるはずです。

※親がペンを持つのではなく、子ども自身に、自分の指を左右に立ててやらせてみましょう。そのとき、手が下がってきてしまう子どもは、呼吸が浅い傾向があります（交感神経が優位になるため、落ち着きがないことが多い）。

check 3 眼球運動の跳飛性②

「近いところ」と「遠いところ」に視線を正確に飛ばすことができるか

1 子どもの鼻先（近いほう）と、鼻先から30cmほど離れたところ（遠いほう）でペンを持ちます。

2 「近いペン」「遠いペン」と声をかけて、正しく遠近に視線を飛ばせるかどうか、確認します。

 ポイント

● 遠いペンを見るときは普通に離れている両方の黒目が、近いペンを見るときにしっかり寄り目になるかどうか、確認してください。

※ メトロノームのリズムに合わせて、1分間で「近いところ」「遠いところ」を正確に25往復できるくらいの速さを目指して、トレーニングしましょう。

● **内斜位**の場合

近いところを見るのが得意です（スムーズに寄り目になる）。逆に、遠くを見るときに少し時間がかかる傾向があります。

● **外斜位**の場合

近いところを見るのが苦手です（寄り目が苦手）。ペンが近づいてくると、あごが上がりがちです。

● **上下斜位**の場合

近いところ、遠いところ、どちらもピントを合わせづらい傾向があります。

目のクセをより詳しく知るためのチェックリスト

子どもの日頃の姿や行動を思い浮かべて、次の質問に答えてください。答えに迷う設問は、しばらく子どもの様子を見るなどして判断してください。

- ☐ 01 頭痛や肩こりを訴えることがある
- ☐ 02 動いている目標物を目で追うことが苦手だ
- ☐ 03 投げたものをキャッチするのが苦手だ
- ☐ 04 指示されたことを理解できず、実行できないことがある
- ☐ 05 字が汚い
- ☐ 06 新しいことが苦手だ
- ☐ 07 本を読んでいて、行や文字を飛ばしてしまうことがある
- ☐ 08 乗り物酔いしやすい
- ☐ 09 落ち着きがない
- ☐ 10 ひとつのことに最後まで集中できず、途中でやめてしまう
- ☐ 11 会話をしているときに目が合わない
- ☐ 12 黒目が、外側か内側に寄っている
- ☐ 13 明るい光が苦手だ（まぶしそうにしていることが多い）
- ☐ 14 下りのエスカレーターに乗るのが苦手だ
- ☐ 15 ダンスなどの振りつけを覚えるのに時間がかかる、または覚えられない
- ☐ 16 よくものにぶつかったり、転んだりする
- ☐ 17 人見知りだ
- ☐ 18 人の表情から、その人の感情を察知できない
- ☐ 19 探しものを見つけるのが苦手だ
- ☐ 20 よく迷子になる

第3章 子どもの「目の現在地」を確認するビジョンチェック

79

check 4 チェックリスト解説

それぞれの番号にチェックが入った場合における、内斜位・外斜位・上下斜位の子どもの傾向を一覧にしました。あくまでお子さんの目の「傾向」として認識のうえ、日々のお子さんとの接し方に役立てていただきたいと思います。

☐ 1（頭痛や肩こりを訴えることがある）

内斜位：偏頭痛、肩こりの症状はあまり見られません。あるとすれば、生活習慣か、過去に痛めた部位の後遺症が原因の可能性が高いです。
外斜位：肩甲骨まわりの緊張から、偏頭痛や肩こりが見られることもあります。
上下斜位：慢性的な首のハリ、肩こりの症状が見られます。

☐ 2（動いている目標物を目で追うことが苦手だ）

内斜位：離れていくものを追うのが苦手です。
外斜位：寄ってくるものを追うことが苦手です。
上下斜位：全体的に追うことが苦手です。

☐ 3（投げたものをキャッチするのが苦手だ）

内斜位：比較的得意です。
外斜位：苦手です。投げられたものを、怖がってキャッチできないこともあります。
上下斜位：とても苦手です。

☐4（指示されたことを理解できず、実行できないことがある）

内斜位：実行できないことが多くあります。
外斜位：実行できないことはあまりありません。
上下斜位：実行できないことが多くあります。

☐5（字が汚い）

内斜位：汚くはありませんが、全体のバランスが悪い傾向があります。
外斜位：汚くなく、バランスも比較的いい傾向があります。
上下斜位：汚く、バランスも悪い傾向があります。

☐6（新しいことが苦手だ）

内斜位：新しいことよりも、ひとつのことにじっくり取り組むことを好む傾向があります。
外斜位：新しいことが好きですが、その分、集中力に欠け、飽きやすい傾向があります。
上下斜位：新しいことを嫌がる傾向があります。

☐7（本を読んでいて、行や文字を飛ばしてしまうことがある）

内斜位：少ないです。
外斜位：小さい文字だと、飛ばしてしまうことがあります。
上下斜位：かなり多いです。指で字をなぞりながらでないと、きちんと読めないことが多いです。

☐8（乗り物酔いしやすい）

内斜位：あまり酔いませんが、内斜位の度合いが強いと酔う傾向があります。

外斜位：酔いやすいです。
上下斜位：酔いやすく、嘔吐することもあります。

☐9（落ち着きがない）

内斜位：落ち着きがあります。
外斜位：落ち着きがありません。
上下斜位：非常に落ち着きがありません。

☐10（ひとつのことに最後まで集中できず、途中でやめてしまう）

内斜位：途中でやめてしまうことは少ないです。
外斜位：多いです。飽きやすい傾向にあります。
上下斜位：とても多いです。すぐにやめてしまう傾向にあります。

☐11（会話をしているときに目が合わない）

内斜位：目が合いにくいです。近くや下方に目線を外すことが多い傾向にあります。
外斜位：合わない、まではいきませんが、目線を外すときは遠くを見る傾向があります。
上下斜位：キョロキョロと落ち着きがなく、目が合いにくいです。

☐12（黒目が外側か内側に寄っている）

内斜位：あまりありません。あるときは、内斜視の可能性が高いです。
外斜位：あまりありませんが、ぼーっとしているときになる傾向があります。
上下斜位：ありません。

☐ 13（明るい光が苦手だ）

内斜位：あまりありません。逆に、暗いところでの視力が低い傾向があります。
外斜位：まぶしそうにしていることが多いです。目のまわりにシワが多い傾向があります。
上下斜位：あまりありません。

☐ 14（下りのエスカレーターに乗るのが苦手だ）

内斜位：とても苦手な傾向があります。
外斜位：苦手ではありません。
上下斜位：下りだけでなく、上りのエスカレーターに乗るのも苦手です。

☐ 15（ダンスなどの振り付けを覚えるのに時間がかかる、または覚えられない）

内斜位：振り付けを覚えるのが苦手で、時間がかかります。
外斜位：比較的得意で、時間をかけずに覚えられます。
上下斜位：とても時間がかかります。覚えられなかったり、途中で飽きてしまうこともあります。

☐ 16（よく物にぶつかったり、転んだりする）

内斜位：へこんだところを見つけられず、転びやすい傾向があります。
外斜位：段差にひっかかる程度です。
上下斜位：平坦な道でも、よく転ぶ傾向があります。

☐ 17（人見知りだ）

内斜位：人見知りです。

`外斜位`　：比較的、人見知りしない傾向があります。
`上下斜位`：非常に人見知りする傾向があります。

☐ 18（人の表情で、その人の感情を察知できない）

`内斜位`　：あまりよく察知できない傾向があります。
`外斜位`　：比較的、察知できる傾向があります。
`上下斜位`：ほとんど察知できない傾向があります。

☐ 19（探しものを見つけるのが苦手だ）

`内斜位`　：苦手な傾向があります。
`外斜位`　：苦手と感じる人もいます。「灯台もと暗し」のパターンが多いです。
`上下斜位`：とても苦手な傾向があります。

☐ 20（よく迷子になる）

`内斜位`　：知らない場所ではなりやすい傾向があります。
`外斜位`　：比較的なりにくい傾向があります。
`上下斜位`：非常になりやすい傾向があります。

COLUMN
スポーツごとの眼の動き

スポーツは、競技によって、必要な眼の動きに特性や偏りが出てきます。スポーツ全般に必要な視機能は、次の6種類です。

- 視力
- 動体視力（前後左右）
- 瞬間視力（一瞬だけ表れるものを捉える視力）
- コントラスト把握力（色の濃淡をしっかり理解する）
- 深視力（距離認識ができているか）
- 目と、手をはじめとする身体の協応性
  （対象を見て、判断して、手や身体に正しい指示を出せているか）

野球やサッカーなどの球技系は、視機能をフルに使用するスポーツのため、視機能、視力ともに高いレベルである必要があります。視力だけでも、1.2以上は必要です。球速は、150km近くなると動体視力では反応できません。視機能が持つフィードバック機能（見たものに反応して、次の行動を起こす機能）ではなく、フィードフォワード機能（起こりうる想定を複数用意し、先を読んで行動する機能）が重要なのです。
豪速球は、球が放たれた瞬間の縫い目の回転を手がかりに球の道筋を想定し、タイミングを合わせないと打てません。その証拠に、大リーグで縫い目を赤糸から白糸に変えた、真っ白なボールを使ってゲームを行った結果、誰も打つことができなかったのです。
この機能も、経験則が命。いかに子どもの頃からの草野球の中で、基本技能を獲得できているかが大切なのです。

非球技系で視機能が大切なのは、おもに水泳、陸上、ボクシングなどの格闘技系です。

これらの競技においては、球技系ほどではないものの、「身体をイメージ通りに動かす」というポイントにおいて、視機能における「位置覚（例：右手を上げている位置を感覚で覚える）」の分野が必要になります。

位置覚を向上させるには、視覚から入ることが有効です。脳は、自分の体がどのように動いているのかを、目視することで初めて認識してくれます。ですから、鏡を使ったシャドウトレーニングで動きを確認したり、上手な人の動きの真似をすることなどは、とてもいい学習になります。

ボクシングなどの格闘技では、中心視野で捉えるビジョントレーニングを行う光景をよく見ます。パンチは、見てから避けては間に合いません。ですから、野球と同じように「フィードフォワード機能」を駆使する必要があります。一瞬の動きから相手の行動を推測する。相手のパンチをよけながら打つカウンターも、思考よりも「反応」。身体が無意識のうちに反応して動くのです。練習や経験の蓄積が、自分の理解を超えたところで反映されるというわけです。

日本は「〇〇道」精神の強い文化です。ひとつのことを辛抱強く成しとげることが定着しており、「二兎を追う者は一兎をも得ず」ということわざがあるように、複数のものごとを同時に行うことをよしとしない文化があります。

しかし、ほかのことはともかく、先ほどのコラムでもお話したように、幼い頃からひとつの運動を行うことは、ケガや挫折の危険性はもちろん、その競技以外がうまくできなくなるというデメリットもあります。

アメリカのように部活自体をシーズン制にして、さまざまなスポーツに取り組むことは難しいかもしれませんが、強くて臨機応変な運動機能、そして脳機能を獲得するためにも、せめて小学校までの期間は、お子さんにいろいろなスポーツや遊びの選択肢を用意してあげてほしいと思います。

第4章

1日5分!
子どもの「視機能」を高める
ビジョントレーニング

親子で、楽しみながら行いましょう

さあ、いよいよビジョントレーニング実践編です。
子どもと一緒に、お父さん、お母さんも楽しんでやってほしいと思います。

「1日5分」というのは、あくまで目安です。
課題によっては、時間がかかってしまうものもあると思いますが、
子どもの様子を見て、飽きてきているようならば、
早めに切り上げてもかまいませんし、楽しそうにやっているなら、
延長してもかまいません。
週4日程度を目標に、親子で無理のない範囲で行ってください。

この章では、4週にわたって、基礎トレーニングとなる、
ビジョンチェック1〜3のほかに、18のトレーニングを用意しました。
子どものタイプによって、得意なもの、苦手なもの、楽しいもの、
あまり興味を持てないもの、いろいろあると思います。

苦手なものに取り組んだら、次は楽しそうなものをしてみるなど、
子どもが「もうやりたくない」と思ってしまわないよう、
工夫しながら取り組んであげてください。
もちろん、前回より上手にできたときは大いにほめてあげてください。
ほめてもらえるのが、子どもにとってなによりのご褒美です。

できるようになることが
ゴールではありません

ビジョントレーニングは昨日より今日、今日より明日と、
よりスムーズにできるようになることを目指して行うものですが、

「できるようになること」が必ずしもゴールではありません。

大事なのは、取り組む課程そのものです。

苦手なトレーニングをすると、子どもの眼や体や脳が、

「動きづらかったな」

と認識します。

「こういう動かし方をするのは初めてだ」

「うまくいかなかったな」

「左のほうがやりづらいな」

などと、生活の中で、真正面から取り組むことのなかった動きを体験し、それに気づいていくことが大切なのです。

人間というものは面白いもので、こうした体験をしたあと、寝ている間に、脳が再認識をして、認識を整理してくれます。

眼と体の連動性がうまくいかなかった場合は、

次にやるときはうまくいくように、

脳から伝達するプログラムの組み換えを、寝ている間に行ったりします。

昨日できなかったことが、練習したわけでもないのに、

翌日できるようになっているのには、こうした理由があるのです。

大事なのは、「試行錯誤」と「微調整」

欲をいえば、翌日もその翌日もうまくいかず、

何回もトライして、ようやくできるようになることが理想です。

脳は失敗するたびに、

「今日もダメだったな。じゃあ、あの動きを少し変えてみよう」

など、試行錯誤と微調整を寝ている間に続けてくれるからです。

前章で、早期英才教育について「おすすめしない」とお話ししましたが、

その理由のひとつとして、
「脳に試行錯誤をさせない教育になりがちだから」
ということが挙げられます。
子どもに才能があるということで一流のクラブに入り、一流のコーチにつくと、すぐに「正解」にたどりつけてしまうことが多いのです。

サッカーで「無回転シュートが打ちたい」と思えば、
そのやり方を教えてくれるので、子どもは正解を練習すればいい。
それも努力には変わりないかもしれませんが、自分で考え、試行錯誤し、
時には間違えて、遠回りをして、正解にたどりつく課程こそが、
本当に健全な子どもの脳と体、そして情緒に必要なのです。

試行錯誤の中で、脳は微調整を繰り返します。
正解を教えてもらうと、この微調整がすっぽり抜け落ちてしまいます。

スポーツだけでなく、人生は正解のないものばかり。
そこでどれだけ自分の力で、試行錯誤し、微調整ができるかが、
「いい人生」と「思い通りにいかない人生」
の分かれ道になったりもするように思います。

ですから、親御さんに、ひとつだけお願いがあります。
トレーニングの中で、できるだけ「正解」を教えないようにください。
眼球が思うように動かなくても、それは脳と体が慣れていないだけ。
そうやって動くものであることを、まだ認識していないだけなのです。

「本当は動くものなんだ」
「眼ってこうやって動くんだ」
ということを自分のやり方で気づいていくことができれば、
子どもにとってはそれだけで十分な効果があるのです。

日常生活そのものが、
トレーニングになる

子どもがどうしてもトレーニングをやりたがらないときは、
無理にやらせる必要はありません。
そんなときは、自然に日常生活の中に、
ビジョントレーニングを溶け込ませてください。

特に、お手伝いはビジョントレーニングに含まれる要素の宝庫といえます。
洗濯物をたたむこと、これは空間認知のトレーニングになります。
Tシャツをどうたためば、お母さんがたたんだものと同じ形になるのか。目と手で試行錯誤してもらいましょう。

雑巾がけは、前頭葉に良い刺激を与えます。
走るとき、周囲の景色が自分の後ろに「流れていく」のを感じますが、
その刺激が、前頭葉には必要なのです。
赤ちゃんのとき、ハイハイをしながら、人はその刺激を感じています。
雑巾がけもスピードは出ないとしても、
同じように前頭葉への刺激となるのです。

料理の手伝いはもちろん、できた料理を食卓に運んでもらうのも、
いいですね。
料理をこぼさないように持っていき、置くべき人のところへ置く動作は、
いろんな機能を必要とする動作です。

ごはんをよそってもらうのもいいでしょう。お父さんは多めに、
妹は少なめに、など相手によって、分量を調整するのも「相手への配慮」
という立派な情緒トレーニングです。

そうです、日常生活における親子間のコミュニケーションすべてが、ビジョントレーニングになるのです。

昔の子どもたちは、トレーニングなど行わずとも、
外で遊んだり、家の手伝いの中で、
視機能を立派に向上させていきました。
逆に言えば、わざわざ専門的なトレーニングなどしないですむことが、
人間本来の姿でもあるといえるのです。

上手なお手伝いの頼みかた

ただ、「ここ、きれいにしておいて」というだけでは、
伝わらない子どもも多いと思います。

「ここにゴミが落ちているよね。ほうきとちりとりを持ってきて、ほうきでゴミをちりとりに入れてきれいにして。ゴミはゴミ箱に捨ててね」
大変かもしれませんが、こんなふうに子どもが何をすべきか、
理解しやすい頼み方を心がけてあげてください。

子どもが正解のお手伝いをすることが目的でないことを考えると、
あえて、「お風呂を掃除してくれる？」
という頼み方でもいいのかもしれません。
あとで、親がまたすることになったとしても、
子どもにとっては貴重な課程なのですから。

そうやって、日常の中で「やったことのないこと」を、
いかに経験させていくか。
勉強やスポーツ、習い事から離れたところに、
実は大事なものがあるといえます。

子どもは、ルーティンよりもイレギュラー

学校をいつも通りに出たはずなのに、なかなか家に帰ってこない。
やっと帰ってきた子どもに理由をたずねると、
「いつもとは違う道を通って、遠回りして帰ってきた」
と言う。

心配していた親としては、つい小言を言いたくなってしまいますが、
これも、実はとても立派なビジョントレーニングなのです。

やったことのないことをすることは、脳へのいい刺激になります。
脳はイレギュラーに反応するもの。
ルーティンを繰り返していては、刺激にならず、発達しません。

毎日同じ道を歩いていては、なんの刺激にもならないのです。
昨日とちょっと違うことしてみる。
小さな事件を喜ぶ。
ビジョントレーニングにおいても、
そうした姿勢を大切にしてほしいと思います。

それぞれのトレーニングには「応用編」もつけましたが、
その通りにし続ける必要はありません。
どんどんオリジナルの形に発展させながら、
楽しみながら続けていってください。
それが、何よりのトレーニングになります。

ビジョントレーニングの注意点

- 週4日、1日5分を目安に行います。強制はせず、子どもと一緒に楽しむ感覚で行いましょう。子どもが苦痛に感じてしまっては、逆効果です。

- ウォーミングアップとして、毎回、第3章のビジョンチェック1〜3を終えた後に行うようにしてください。これをやることで効果も上がりやすくなります。

- まずは、親自身がトレーニングを体験してみてください。

- トレーニング後は子どもは興奮して眠りづらくなるため、就寝前に行うのは避けましょう。

- 子どもの視界に入る場所に、気が散るようなもの（おもちゃなど）がないようにしましょう。

- トレーニング内容は、徐々にレベルアップしていきます。すべてできるようにならなくても問題ありません。日々、トレーニングを続けることが、子どもの視機能を高めることにつながります。

- 苦手なトレーニングだけ、次の週にも持ち越して続ける、まずは子どもが得意で楽しめるものから始めるなど、子どもが内容に飽きないよう工夫してあげてください。

- タイムを計るトレーニングもありますが、ほかの子どもと競う必要はありません。大事なのは、1回目で出たタイムをいかに更新していくかです。更新できたら、必ずほめてあげましょう。

- トレーニング1・2・3・6・7・8・9・11・13・14・16で使うワークシートは、著者のオフィシャルサイト（https://www.0v0ision10.com）からダウンロードできます。

眼球を正確に動かすトレーニング

トレーニング 1 線たどりゲーム

1 ワークシートの線を、目線だけで追います。

2 ワークシートの線を、ペンでなぞります。

ポイント

- 親が最初に、どれくらいの時間でたどれるか試してから、子どもにやってもらいましょう。
- タイムを計ってみてください。
- 子どもの視線が飛んでしまっていないか、きちんと線をたどれているか、注意して見てあげましょう。

応用

- ワークシートの難易度の高いものに挑戦しましょう。

● **内斜位**の場合
問題なくできます。

● **外斜位**の場合
問題なくできます。

● **上下斜位**の場合
視線が外れたり、線がはみ出しやすいです。特に細かい、ジグザグした線は外れやすいので、注意して見てあげましょう。

MEMO

親御さんへのワンポイントアドバイス

まずはお子さんが、しっかり指で追えるようになることが大事です。指ができたら、眼で追ってもらいましょう。お子さんの目の動きに、しっかり注目してあげてください。

トレーニング 2 数字ランダム読みゲーム

1 ワークシートに書かれた数字を、順番に声に出して読み上げます。

2 最後まで読めたら、最初に戻って、数回繰り返します。

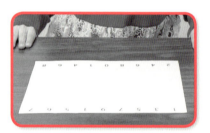

ポイント

● なるべく頭を上下左右に動かさず、目だけで数字を追うように注意してください。

応用

● 慣れてきたら、新たなワークシートを作って読んでもらいましょう。

● 内斜位の場合
1文字1文字しっかり読むので、タイムは遅くなります。

● 外斜位の場合
パッと読めますが、読み間違いや行飛ばしが多くなります。

● 上下斜位の場合
行を飛ばしてしまいがちです。正しく読めているか、親も目で追って確認してあげてください。

MEMO

第4章 1日5分！子どもの「視機能」を高めるビジョントレーニング

親御さんへのワンポイントアドバイス

大きな声で、自信を持って読んでもらいましょう。かんだり読み間違うことがなくなったらOK。メトロノームに合わせて、読む速度を上げてみるのもいいですね。

1分間速読ゲーム

1 ワークシートのひらがなを、上から下へ読んでいきます。

💡 ポイント

- 声を出す必要はありません。
- 頭を動かさず、目だけで文字がきちんと追えているかをチェックしてあげましょう。
- 頭が後ろに反ったり、前傾姿勢になってしまっては NG です。

📣 応用

- ワークシートの難易度の高いものに挑戦しましょう。

●**内斜位**の場合
時間はかかりますが、読み間違いは少ないです。

●**外斜位**の場合
早いですが、段や行などを間違いやすいです。

●**上下斜位**の場合
段や行を間違いやすいです。指でなぞって読みがちなので、目だけで追って読むように伝えましょう。

MEMO

親御さんへのワンポイントアドバイス

①まず1分間、文字をお子さんの通常速度で読んでもらい、何ページまで読めたかメモします。②そのあと、5分間文字を読まずに、文字が書いてあるところを眼で高速移動します。①②をひたすら繰り返しましょう。会話しながらでもOK! その後深呼吸して、もう一度チャレンジ。1分間の読める文字数が増えたらOK! 日本人の平均は1分間に500文字くらい。東大生、京大生は1500字くらいだそうです。目指せ、1500文字!

「眼球を正確に動かすトレーニング」チェック項目

親御さんが、○△×でチェック！	1日目	2日目	3日目	4日目
●目標物をしっかり見つめられるようになりましたか？				
●目標物をじっと見つめられるようになりましたか？				
●目標物を目で追うことができていましたか？				
●視線を飛ばして、次の目標物を見つめることができていましたか？				
お子さんが、○△×でチェック！	1日目	2日目	3日目	4日目
●楽しく取り組めましたか？				
●「好き」もしくは「簡単」と感じたゲームはどれですか？	線たどり／数字ランダム読み／1分間速読	線たどり／数字ランダム読み／1分間速読	線たどり／数字ランダム読み／1分間速読	線たどり／数字ランダム読み／1分間速読
●「難しい」と感じたゲームはどれですか？	線たどり／数字ランダム読み／1分間速読	線たどり／数字ランダム読み／1分間速読	線たどり／数字ランダム読み／1分間速読	線たどり／数字ランダム読み／1分間速読

※親御さんのチェックとお子さんが難しいと感じたゲームを照らし合わせて、できているかどうかを総合的に判断してください。
　△×が続くゲーム、難しいと感じたゲームは、継続して行いましょう。

目と手の
協応性を高める
トレーニング

トレーニング 4 まねっこゲーム

1 親が片手の親指を立て、上下左右ほか、自由に動かします。

2 子どもも一緒に、親と同じ方向に親指を動かします。

ポイント

- 上下左右斜め、円、四角など自由に動かしてもらって大丈夫ですが、早くなりすぎないよう、親指を動かす速度に気をつけましょう。

応用

- 親が左右異なる本数の指を立て、子どもに「鏡合わせ」に真似してもらいます。親が左手3本、右手2本なら、子どもは左手2本、右手3本を立てるのが正解です。

内斜位の場合
視野が狭いため、応用編の場合、両方をいっぺんに見るのが苦手です。

外斜位の場合
得意です。

上下斜位の場合
応用編が特に苦手です。まずは姿勢が傾かないよう、真っ直ぐにさせましょう。

MEMO

第4章　1日5分！子どもの「視機能」を高めるビジョントレーニング

親御さんへのワンポイントアドバイス

最初はお子さんがやる気をなくさないよう、ゆっくり片手でついていけるようにしてあげてください。無理なくゆっくりから、変則的な速度についていけるようになればGOODです。お子さんが慣れてきたら両手で、両手が慣れてきたら一瞬止めたりする「フェイント」なども入れてあげてください。

トレーニング 5 後出しジャンケンゲーム

1 親が、グーチョキパーのいずれかを出します。

2 それを見て、子どもも親と同じものを出します。

3 利き手ではないほうの手で同様に繰り返します。

4 1に戻って繰り返します。

ポイント

- 「親が出した指の形を瞬間的に判断し、手に指示を出す」という、脳のトレーニングです。子どものレベルに合わせるよう、速さに注意してください。
- グーチョキパーを出すのに時間がかかる子どもは、視覚と触覚が一致していない可能性があります。その際は、子どもに目をつぶらせ、机の上などに手をパーにした状態で置いてもらい、親がどの指を触ったかを答えさせるトレーニングを加えてみましょう。

応用

- 親に勝つものを出してもらう。
- 親に負けるものを出してもらう。

内斜位の場合
問題なくできます。

外斜位の場合
問題なくできます。

上下斜位の場合
少し時間がかかります。

MEMO

第4章　1日5分！子どもの「視機能」を高めるビジョントレーニング

親御さんへのワンポイントアドバイス

まずはゆっくりから、お子さんが間違えないようにしてあげてください。間違えなくなったら、速度を上げてみてください。両手でやるのは大人でも難しいですが、楽しみながらチャレンジしてみてください。

トレーニング 6 数字タッチゲーム

1 子どもが手を伸ばして届く範囲に、1から30の数字をランダムに配置します。

2 1から30まで順番にタッチしていき、そのタイムを計ります。

 ポイント

- 2週目の「数字探し」とは、体を大きく使うところで異なります。数字を見つけた瞬間にタッチしようと動くことで、目と体の協応性が高まります。
- テーブルや床に、トランプなどの数字を書いたカードを置いた形でも可能です。

 応用

- ワークシートの難易度の高いものに挑戦しましょう。

●内斜位の場合

数字を見つけるのに時間がかかります。中心に視線が集中するので、外側の数字を見つけるのが苦手です。

●外斜位の場合

外側の数字を見つけるのは得意ですが、真ん中にある数字を見逃しがちです。

●上下斜位の場合

時間がかかります。

MEMO

第4章 1日5分！子どもの「視機能」を高めるビジョントレーニング

親御さんへのワンポイントアドバイス

まずはお子さんに、自分のタイムを把握してもらいましょう。昨日の自分を超えることができるか？コツコツ自分と対決です。褒めること、励ますことを忘れずに。これは、親子で対決しても面白いトレーニングです。

トレーニング 7 両手で円描きゲーム

1 ワークシートの円の中に線を描きます。

2 1段目を右手で描いたら2段目は左手、3段目はまた右手で、と交互に描きます。

ポイント

- ゆっくりでいいので、きれいに描くこと、鉛筆を正しく持つことの2点を心がけて声かけをしてあげてください。

応用

- 内側、外側の線に触れずに描くことを目指しましょう。
- 右手、左手それぞれに一段終えるまでのタイムを測り、左右のタイム差がなくなることを目指しましょう。
- 筆圧が高い子は、利き手ではない方の手でのトレーニングを重視しましょう。筆圧が高いのは、緊張のため。トレーニングを重ねることで、利き手の緊張がとれ、適正な筆圧に調整されていきます。

● **内斜位**の場合
得意です。じっくり丁寧に描きます。

● **外斜位**の場合
早く描けますが、雑になりがちです。

● **上下斜位**の場合
うまく描けず、円からはみ出してしまいます。

MEMO

> **親御さんへのワンポイントアドバイス**
> 描いた丸が波打たず、スムーズな円になるとGOOD! 利き手ではないほうでもできたら、合格です。

トレーニング 8 両手同時書きゲーム

1 左右に鉛筆を持ち、左右同時に自分の名前など、同じ文字を書いていきます。

💡 ポイント

- 左右同時に、同じように視線を送ることができるようになるためのトレーニングです。
- はさみなど、利き手ではないほうの動きが重要な日常動作は意外と多いです。そのためのトレーニングにもなります。
- 左右同じ早さで書けているか、チェックしましょう。マスの中におさまるように書くことで、空間認知力を上げるトレーニングになります。

📢 応用

- ワークシートの難易度の高いものに挑戦しましょう。

●内斜位の場合
左右同時に見るのが苦手です。

●外斜位の場合
比較的、得意です。

●上下斜位の場合
左右のバランスが悪かったり、マスからはみ出してしまったりします。

MEMO

親御さんへのワンポイントアドバイス

苦手な子は、まず両手で書きたがりません。まずは両手でチャレンジできるよう、褒めて励ましてあげましょう。文字が枠の中に収まりだしたら GOOD! 左右同じくらいの形になれば、合格です。

「目と手の協応性を高めるトレーニング」チェック項目

親御さんが、○△×でチェック！	1日目	2日目	3日目	4日目
●見て、指をさす、真似をする、道具を使いこなすなど、2つ以上の動作を同時に行うことができていましたか？				
●親御さんから見て、お子さんができていると思うゲームはどれですか？	まねっこ／後出しじゃんけん／数字タッチ／両手で円描き／両手同時書き	まねっこ／後出しじゃんけん／数字タッチ／両手で円描き／両手同時書き	まねっこ／後出しじゃんけん／数字タッチ／両手で円描き／両手同時書き	まねっこ／後出しじゃんけん／数字タッチ／両手で円描き／両手同時書き
●親御さんから見て、お子さんが苦手そうだなと思うゲームはどれですか？	まねっこ／後出しじゃんけん／数字タッチ／円描き／両手同時描き	まねっこ／後出しじゃんけん／数字タッチ／円描き／両手同時描き	まねっこ／後出しじゃんけん／数字タッチ／円描き／両手同時描き	まねっこ／後出しじゃんけん／数字タッチ／円描き／両手同時描き

お子さんが、○△×でチェック！	1日目	2日目	3日目	4日目
●楽しく取り組めましたか？				
●「好き」もしくは「簡単」と感じたゲームはどれですか？	まねっこ／後出しじゃんけん／数字タッチ／両手で円描き／両手同時書き	まねっこ／後出しじゃんけん／数字タッチ／両手で円描き／両手同時書き	まねっこ／後出しじゃんけん／数字タッチ／両手で円描き／両手同時書き	まねっこ／後出しじゃんけん／数字タッチ／両手で円描き／両手同時書き
●「難しい」と感じたゲームはどれですか？	まねっこ／後出しじゃんけん／数字タッチ／両手で円描き／両手同時書き	まねっこ／後出しじゃんけん／数字タッチ／両手で円描き／両手同時書き	まねっこ／後出しじゃんけん／数字タッチ／両手で円描き／両手同時書き	まねっこ／後出しじゃんけん／数字タッチ／両手で円描き／両手同時書き

※親御さんのチェックとお子さんが難しいと感じたゲームを照らし合わせて、できているかどうかを総合的に判断してください。
　△×が続くゲーム、難しいと感じたゲームは、継続して行いましょう。

目の「跳飛性」と「空間認知力」を高めるトレーニング

トレーニング 9 数字探しゲーム

ワークシートの中の数字を1から20まで、順番に指さしていきます。

💡 ポイント

- タイムを計ってやってみましょう。
- 数字を読み上げることはせず、黙って順番に指さすことに集中してもらってください。
- 子どもが数字の場所を覚えてきたと感じたら、A4サイズの紙に1から20までの数字を、新しくランダムに書いてあげてください。

応用

- トランプを代用し、ハートとスペードのそれぞれ1から10までをテーブルや床にランダムに置き、まずはハートを10まで取ってから、スペードを取ってもらいます。
- これがスムーズにできるようになったら、ハートの1、スペードの1、ハートの2、スペードの2……と交互に取ってもらいましょう。

●内斜位の場合
猫背になりがち。タイムは比較的遅めです。

●外斜位の場合
あごが上がりがち。タイムは比較的早めです。

●上下斜位の場合
ワークシートに対し、体が斜めになりがち。タイムはかなり遅くなることが多いです。

MEMO

親御さんへのワンポイントアドバイス

タイムには個人差があるため、目標タイムはあえて載せていません。毎日コツコツ、自分自身と対決して昨日のタイムを越えていくことができるよう、たくさん褒めながら、励ましながら続けていってください。

トレーニング 10 洗濯ばさみゲーム

1 親が30cmくらいの定規を持ち、左右にゆっくり動かします。

2 子どもが、動く定規に洗濯ばさみをつけていきます。

💡 ポイント

- 洗濯ばさみは、親指と人さし指で持たせてください。お箸や鉛筆を上手に持つトレーニングにもなります。
- 定規がどう動くか正確に予測しないと、洗濯ばさみはうまくつけられません。スポーツでの体の動かし方にも通じるトレーニングです。

📣 応用

- 1分間で洗濯ばさみを何個つけられるか、計ってみましょう。
- 定規を上下や斜め、円など、いろいろな動かし方でやってみましょう。
- 利き手ではないほうでもやってみましょう。

内斜位の場合
動いているものへの反応はやや遅いです。

外斜位の場合
得意です。

上下斜位の場合
動くものを見るのが苦手です。子どもに合わせた速度で揺らしましょう。

MEMO

第4章　1日5分！子どもの「視機能」を高めるビジョントレーニング

> **親御さんへのワンポイントアドバイス**
>
> 左右の動きの中で洗濯ばさみを上手に挟めたら、まずはOKです。次に、斜めや上下に動かして挟めるようにしましょう。一定の動きで定規を動かす中ですべてうまくできたら、合格です。

トレーニング 11 アンダーライン数字読みゲーム

1 ワークシートの数字の中で、アンダーラインのある数字を見つけて読み上げます。

💡 ポイント

- なるべく頭を動かさず、目だけで探すようにしましょう。
- 慣れてきたら、新たにワークシートを作ってあげましょう。

📣 応用

- ワークシートの難易度の高いものに挑戦しましょう。

● 内斜位の場合

時間はかかりますが、読み間違いは少ないです。

● 外斜位の場合

早いですが、段や行などを間違いやすいです。

● 上下斜位の場合

段や行を間違いやすいです。指でなぞって読みがちなので、目だけで追って読むように伝えましょう。

MEMO

親御さんへのワンポイントアドバイス

ランダムにあるラインを見極めて、大きな声で言ってもらいましょう。読み間違えなければOK! これも時間を測って、昨日の自分と勝負してもらいましょう。

第4章 1日5分! 子どもの「視機能」を高めるビジョントレーニング

トレーニング 12 ペンキャッチゲーム

1 子どもが、利き手を広げて待機します。

2 親が、子どもの手の10cmくらい上からペンを放します。

3 子どもがペンを片手でキャッチします。

4 利き手でないほうでもやってみましょう。

ポイント

- 子どもが、待機していた手をなるべく動かさずにキャッチできるよう、トレーニングしましょう。
- ペンが難しい場合、ティッシュなどを使ってもOKです。

応用

- ノートなどで、ペンが落ちていく様子が見えないようにしましょう。

内斜位の場合
ペンか手か、どちらかしか見えていない場合が多いため、やや苦手です。

外斜位の場合
寄り目が苦手な子は、やや苦手です。

上下斜位の場合
ピントを合わせるのに時間がかかるため、苦手です。何回やって成功したかをチェックしましょう。

MEMO

第4章 1日5分！子どもの「視機能」を高めるビジョントレーニング

親御さんへのワンポイントアドバイス

30cmほどの棒状のものを使うといいでしょう。まずは反応して、つかめるところから始めてください。素早い判断ができたらGOOD！ 左右変わらないくらいの反応ができるようになれば、合格です。

トレーニング 13 メンタルローテーションゲーム

1 ワークシートの図形を右に90度回転させた図形を、イメージして描きます。

2 ワークシートの図形を右に180度回転させた図形を、イメージして描きます。

ポイント
- 図形を見ながら描いてもらって大丈夫です。
- 見えている図形を頭の中で回転させることで、体をイメージ通りに動かすトレーニングになります。

応用
- ワークシートの難易度の高いものに挑戦しましょう。

内斜位の場合
特化した特徴はありません。

外斜位の場合
特化した特徴はありません。

上下斜位の場合
特化した特徴はありません。

MEMO

第4章 1日5分！子どもの「視機能」を高めるビジョントレーニング

親御さんへのワンポイントアドバイス

まずは簡単なところから、回転したらどうなる？ といったところからスタートしましょう。三角の方向が合ってきたらOK。ひし形の回転する方向が確実にイメージできるようになれば、完璧です！

『目の「跳飛性」と「空間認知力」を高めるトレーニング』チェック項目

親御さんが、○△×でチェック！	1日目	2日目	3日目	4日目
●視線を飛ばして目標物を見ることができましたか？				
●見つけたいものを見つけることができましたか？				
●距離感や立体感などを的確につかめましたか？				
●親御さんから見て、お子さんができていると思うゲームはどれですか？	数字探し / 洗濯ばさみ / アンダーライン / ペンキャッチ / メンタルローテ	数字探し / 洗濯ばさみ / アンダーライン / ペンキャッチ / メンタルローテ	数字探し / 洗濯ばさみ / アンダーライン / ペンキャッチ / メンタルローテ	数字探し / 洗濯ばさみ / アンダーライン / ペンキャッチ / メンタルローテ
●親御さんから見て、お子さんが苦手そうだなと思うゲームはどれですか？	数字探し / 洗濯ばさみ / アンダーライン / ペンキャッチ / メンタルローテ	数字探し / 洗濯ばさみ / アンダーライン / ペンキャッチ / メンタルローテ	数字探し / 洗濯ばさみ / アンダーライン / ペンキャッチ / メンタルローテ	数字探し / 洗濯ばさみ / アンダーライン / ペンキャッチ / メンタルローテ

お子さんが、○△×でチェック！	1日目	2日目	3日目	4日目
●楽しく取り組めましたか？				
●「好き」もしくは「簡単」と感じたゲームはどれですか？	数字探し / 洗濯ばさみ / アンダーライン / ペンキャッチ / メンタルローテ	数字探し / 洗濯ばさみ / アンダーライン / ペンキャッチ / メンタルローテ	数字探し / 洗濯ばさみ / アンダーライン / ペンキャッチ / メンタルローテ	数字探し / 洗濯ばさみ / アンダーライン / ペンキャッチ / メンタルローテ
●「難しい」と感じたゲームはどれですか？	数字探し / 洗濯ばさみ / アンダーライン / ペンキャッチ / メンタルローテ	数字探し / 洗濯ばさみ / アンダーライン / ペンキャッチ / メンタルローテ	数字探し / 洗濯ばさみ / アンダーライン / ペンキャッチ / メンタルローテ	数字探し / 洗濯ばさみ / アンダーライン / ペンキャッチ / メンタルローテ

※親御さんのチェックとお子さんが難しいと感じたゲームを照らし合わせて、できているかどうかを総合的に判断してください。
　△×が続くゲーム、難しいと感じたゲームは、継続して行いましょう。

目の
トータルスキルを
上げる
トレーニング

トレーニング 14　○×ライン引きゲーム

1 ワークシートの○のところには下に、×のところには上に線を引いていきます。

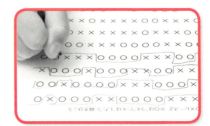

💡 ポイント

- ルールを理解して記憶し、瞬時に判断し、正しく手を動かすトレーニングです。
- ルールを理解し、ルールにそって手を動かせているかチェックしてあげてください。

📣 応用

- 利き手でないほうの手で行ったり、進行方向を左からではなく、右や上下など異なる方向からスタートし、制限時間を設定するなどすると、よりスピーディーな判断が要求されて良いです。

● **内斜位**の場合
得意です。じっくり、間違えずにできます。

● **外斜位**の場合
早くできますが、間違いも多いです。

● **上下斜位**の場合
ルールを理解するのに時間がかかります。

MEMO

親御さんへのワンポイントアドバイス

ルールを素早く判断して、手の動きに反映させるトレーニングです。間違えたり、正確に線を引けない場合は、何回でもチャレンジして大丈夫。時間を測って、昨日の自分と勝負しましょう。慣れてきたら、○×を数字に変えてみてください。奇数偶数を上手に判断できるようになったら、合格です。

トレーニング 15 お手玉タッチゲーム

お手玉を用意し、紐の長さが30〜40cmくらいになるように結ぶ。

1 親が、子どもの頭の上あたりでお手玉を揺らします。

2 子どもが、お手玉にタッチ。10回ほど繰り返します。

3 親が、子どもの体の前でお手玉を揺らします。

4 子どもが左右のひざを使い、交互にお手玉にタッチします。

ポイント

- 目と手だけでなく、体の協応性も高めるトレーニングです。
- 目できちんとお手玉が追えているか、確認しましょう。

応用

- 親が子どもの前でお手玉を揺らし、「右手で」「左手グーで」「ひざで」「頭で」と指示を出します。子どもは指示された部分を使い、お手玉にタッチします。
- ジャンプしてタッチ、ターンしてタッチ、など体の動きを加えていきましょう。避ける、というアレンジもいいですね。

内斜位の場合
動いているものへの反応はやや遅いです。

外斜位の場合
得意ですが、自分のほうへ寄ってくる動きは苦手です。

上下斜位の場合
動くものを見るのが苦手なので、空振りしやすいです。お子さんに合わせた速さで揺らしてあげてください。

MEMO

親御さんへのワンポイントアドバイス

自分の眼と身体のマッピング（位置の把握）がうまくできていないお子さんが多いです。正確にリズムよく、適切な力加減でできたら GOOD! ジャンプして頭で上手に捉えることができるようになれば、合格です。

トレーニング 16 記憶ドットゲーム

1 ワークシートの図形を数秒見せてから、隠します。

2 記憶した図形を描きます。

 ポイント

- 子どもが苦戦しているようなら、図形を見せる時間を長くするなどして調整しましょう。

 応用

- 図形を隠してから描き出すまで30秒、待機時間を設けましょう。
- 待機時間中に話しかけると、さらに難易度が増します。

● **内斜位**の場合
特定の特徴はありません。

● **外斜位**の場合
特定の特徴はありません。

● **上下斜位**の場合
特定の特徴はありません。

MEMO

親御さんへのワンポイントアドバイス

見せる時間をだんだん長くして、お子さんが記憶しやすい時間を見つけましょう。正解率が上がったら、表記時間を短くしていきます。また、書くまでの時間を長くするとさらに難しくなります。記憶の時間に会話を入れて、それでも正解できれば合格です。

トレーニング 17 片目片足ゲーム

1 右目を閉じ、左足だけで30秒立ち続けます。

2 左目を閉じ、左足だけで30秒立ち続けます。

3 右目を閉じ、右足だけで30秒立ち続けます。

4 左目を閉じ、右足だけで30秒立ち続けます。

ポイント

- 片目をつぶっていても正常なバランス感覚が保てるよう、目と体の感覚をすり合わせるトレーニングです。
- 片目をつぶるのが難しいようなら、手のひらで隠して行いましょう。
- 片足立ちが難しいようなら、直立で30秒立つことから始めましょう。

応用

- 片目を閉じ、両手を上に上げた状態で30センチくらいの高さから飛び降り、バランスよく着地できるかチェックしましょう。
- 片目を閉じた状態で、「ケンケンパー、ケンケングー」をしましょう。

内斜位の場合

苦手な場合、焦点を足元に置いていないか、確認しましょう。

外斜位の場合

足をきちんと指先まで使えているかを確認してください。

上下斜位の場合

体が傾いているため、直立が苦手です。

MEMO

第4章　1日5分！子どもの「視機能」を高めるビジョントレーニング

親御さんへのワンポイントアドバイス

まずは両目を開いて片足でジャンプ＆着地。ぐらつかずにうまく立てたらOK！ すべてのやりかたで一発着地ができるようになれば、合格です！

トレーニング 18 お手玉キャッチゲーム

1 親が、お手玉を左右に1つずつ持ち、子どもに向かって投げます。

2 子どもは、お手玉を左右の手でキャッチし、同じように親に投げ返します。

ポイント

- 親との距離感をきちんと測れているか、ちょうどいい強さで投げ返せるかをチェックしましょう。空間認知力を高め、自分の力をコントロールできるようにするためのトレーニングです。

応用

- 子どもが自分で真上に投げ上げて、自分でキャッチします。
- 子どもが自分で真上に投げ上げたお手玉を、左右の手をクロスしてキャッチします。

● **内斜位**の場合
相手に投げるのが苦手です。

● **外斜位**の場合
投げられたお手玉をキャッチするのが苦手です。

● **上下斜位**の場合
投げるのも、キャッチするのも苦手です。

MEMO

第4章 1日5分！子どもの「視機能」を高めるビジョントレーニング

親御さんへのワンポイントアドバイス

まず、一つのお手玉でキャッチボールしましょう。次に2つにチャレンジ。成功したら、お子さんに2つ持たせて、両手同時に。それもできたら、ひざが固くならないように注意して、ゆっくり歩きながらやってもらいましょう。歩きながらだと、両手のボールトスのタイミングがバラバラになりがちなので、一気に難易度が上がります。

「目のトータルスキルを上げるトレーニング」チェック項目

親御さんが、○△×でチェック！	1日目	2日目	3日目	4日目
●視線を飛ばして目標物を見ることができましたか？				
●見つけたいものを見つけることができましたか？				
●距離感や立体感などを的確につかめましたか？				
●親御さんから見て、お子さんができていると思うゲームはどれですか？	○×ライン引き / お手玉タッチ / 記憶ドット / 片目片足 / お手玉キャッチ	○×ライン引き / お手玉タッチ / 記憶ドット / 片目片足 / お手玉キャッチ	○×ライン引き / お手玉タッチ / 記憶ドット / 片目片足 / お手玉キャッチ	○×ライン引き / お手玉タッチ / 記憶ドット / 片目片足 / お手玉キャッチ
●親御さんから見て、お子さんが苦手そうだなと思うゲームはどれですか？	○×ライン引き / お手玉タッチ / 記憶ドット / 片目片足 / お手玉キャッチ	○×ライン引き / お手玉タッチ / 記憶ドット / 片目片足 / お手玉キャッチ	○×ライン引き / お手玉タッチ / 記憶ドット / 片目片足 / お手玉キャッチ	○×ライン引き / お手玉タッチ / 記憶ドット / 片目片足 / お手玉キャッチ

お子さんが、○△×でチェック！	1日目	2日目	3日目	4日目
●楽しく取り組めましたか？				
●「好き」もしくは「簡単」と感じたゲームはどれですか？	○×ライン引き / お手玉タッチ / 記憶ドット / 片目片足 / お手玉キャッチ	○×ライン引き / お手玉タッチ / 記憶ドット / 片目片足 / お手玉キャッチ	○×ライン引き / お手玉タッチ / 記憶ドット / 片目片足 / お手玉キャッチ	○×ライン引き / お手玉タッチ / 記憶ドット / 片目片足 / お手玉キャッチ
●「難しい」と感じたゲームはどれですか？	○×ライン引き / お手玉タッチ / 記憶ドット / 片目片足 / お手玉キャッチ	○×ライン引き / お手玉タッチ / 記憶ドット / 片目片足 / お手玉キャッチ	○×ライン引き / お手玉タッチ / 記憶ドット / 片目片足 / お手玉キャッチ	○×ライン引き / お手玉タッチ / 記憶ドット / 片目片足 / お手玉キャッチ

※親御さんのチェックとお子さんが難しいと感じたゲームを照らし合わせて、できているかどうかを総合的に判断してください。
　△×が続くゲーム、難しいと感じたゲームは、継続して行いましょう。

おわりに

ビジョントレーニングを見たり、体験された方から
「脳トレに似ていますね」と言われることがよくあります。
日本人には「脳信仰」と呼ぶべきものがあり、ここ数年は特に、
本やテレビ番組などでも「脳」が盛んに取り上げられています。
それ自体は悪いことではありませんが、「脳トレ」も結局は、
「目が正確に見えていること」が前提で作られていることに長年、
違和感をおぼえてきました。

お話ししてきた通り、脳の司令塔は「眼」です。
正確に見えていなければ、正確な脳トレができるはずもないのです。
しかし、脳に興味津々な日本人は、こと眼においては無関心です。
たとえば、ブルーライトは眼に悪いことばかりが言われがちですが、
反面、身体を活動させる調整を行ってくれる作用を持っています。
上手につき合わないといけない光だといえます。
電子機器が発するブルーライトは、朝日にも多く含まれています。
夜寝る前にスマホを見ていると眠れなくなるのはそうした理屈で、
決して「眼や体に悪い」からではありません。

欧米では「検眼医」という国家資格をもった者でないと、
眼鏡を売ることはできません。
その検眼法も、視力を測るだけの日本とは大きな差があります。
長い間、世界でも眼の悪い国の上位であるにもかかわらず、
時代の流れと視機能について、なかなか対処しきれないでいる日本。
そんな現実は、「訓練の場を与えられず、視機能が未発達なだけ」
という事実を見すごされたまま、「発達障害かもしれない」という、
レッテルを貼られている子どもたちの姿に重なります。
そんな子どもたちが自由に将来を選べる環境を創ることが、私の夢です。

小松佳弘

ビジョントレーニングの カリキュラム例	ビジョンチェック 追従性 跳飛性① 跳飛性②	1日5分の							
		1ヶ月目				2ヶ月目			
		1週	2週	3週	4週	1週	2週	3週	4週
●眼球を正確に動かすトレーニング									
①線たどり		●			●				●
②数字ランダム読み	●	●		●				●	
③1分間速読トレーニング		●	●			●	●		
●目と手の協応性を高めるトレーニング									
④まねっこゲーム			●					●	
⑤後出しジャンケン				●		●			●
⑥数字タッチ	●		●				●		
⑦両手で円描き				●	●				●
⑧両手同時書き					●				
●「跳飛性」と「空間認知力」を高めるトレーニング									
⑨数字探し							●		
⑩洗濯ばさみゲーム					●				●
⑪アンダーライン数字読み	●					●			
⑫ペン落としキャッチ							●		
⑬メンタルローテーション						●			
●目のトータルスキルを上げるトレーニング									
⑭○×ライン引き									
⑮お手玉タッチ									
⑯記憶ドット	●								
⑰片目片足トレーニング									
⑱お手玉キャッチ									

1日5分は、あくまで目安です。上記のメニューは一例ですので、お子さんの興味や調子に合わせて時間や組み合わせやを調整してみてください。⑭以降のトレーニングは、少しずつトライしていきましょう。

ビジョントレーニング								症状一覧			苦手な子に		オススメ	
3ヶ月目				4ヶ月目				内斜	外斜	上下斜位	眼球運動	視空間認知	学習系	運動系
1週	2週	3週	4週	1週	2週	3週	4週							
			●		●			○	○	△	★★★	★★	★★★	★★★
		●			●			△	○	X	★★★	★★	★★★	★★★
●	●			●			●	○	△	△	★★★	★	★★★	★★★
			●		●			△	◎	○	★	★★	★★★	★★★
	●			●		●		○	○	△	★★★	★★	★★	★★★
		●	●				●	△	○	△	★★	★★	★	★★★
●				●				◎	○	△	★★	★★	★★★	★★
●					●			△	◎	X	★	★★★	★★★	★
●						●	●	△	○	X	★★★	★★	★★★	★★
	●				●			○	◎	△	★★	★★★	★★	★★★
		●				●		○	△	△	★	★★	★★	★★
	●				●			△	◎	X	★★	★★★	★	★★★
			●					特化症状なし			★	★★★	★★	★★★
●		●			●			◎	○	△	★	★★	★★★	★
	●				●			○	○	△	★	★★	★★★	★★★
		●			●		●	特化症状なし			★	★	★★	★
		●		●		●		△	○	△	★★	★★	★	★★★
			●	●			●	△	△	X	★	★★★	★	★★★

△やXの箇所をより優先的にトレーニングしましょう。△やXが多くても、落ち込む必要はありません。トレーニングを重ねる経験と、筋力に比例して達成できるようになっていきます。

小松佳弘（こまつ・よしひろ）

ビジョンアセスメントトレーナー

早稲田大学人間科学部卒業後、視機能に関する専門知識を学んだのち、2010年、視力ではなく視機能そのものを向上させる「ビジョントレーナー」として活動を開始。現役プロ野球選手や卓球選手からADHD、アスペルガー、学習障害を始めとする「発達障害」と呼ばれる児童までのべ2万人以上と向き合い、指導をおこなってきた。自身の幼少期における「発達障害グレーゾーン」の克服経験から、当事者目線を重視したトレーニング内容に定評があり、いまも全国各地の小中学校やデイケアセンター、スポーツチームから依頼が殺到している。現在、ビジョントレーニングをより深く追究するため、筑波大学大学院人間総合科学研究群体育学学位プログラム博士前期課程に在籍中。ビジョントレーナーの養成講座も展開している。

●ビジョントレーナー・小松佳弘オフィシャルサイト
　https://www.0v0ision10.com

発達障害の子どもを伸ばすビジョントレーニング

2019年 4月10日　初版第1刷発行
2021年10月 4日　初版第4刷発行

著　者　小松佳弘
発行者　小山隆之

発行所　株式会社実務教育出版
　　　　163-8671 東京都新宿区新宿1-1-12
　　　　https://www.jitsumu.co.jp
　　　　電話　03-3355-1812（編集）　03-3355-1951（販売）
　　　　振替　00160-0-78270

編集　小谷俊介
撮影　橋本徳彦、原田紗千子
イラスト　都愛ともか
ブックデザイン　ISSHIKI
トレーニング協力　宮田ちひろ（視能訓練士）
編集協力　株式会社天才工場　吉田浩

印刷所　精興社　　製本所　東京美術紙工

©Yoshihiro Komatsu 2019 Printed in Japan
ISBN978-4-7889-1100-0 C0037
乱丁・落丁は本社にてお取替えいたします。
本書の無断転載・無断複製（コピー）を禁じます。

小松式ビジョントレーニング

ビジョントレーナー・小松佳弘の手がける「小松式ビジョントレーニング」では、現代社会でさまざまな「生きづらさ」を感じる老若男女に対し、ドイツ式検査の脳へのアプローチをもとにした視機能トレーニングによる「視機能の整え方」を指導しています。

日常の目の悩みはもちろん、発達障害・アンチエイジング・キッズ・赤ちゃん・スポーツ・認知症…あらゆる分野を手がけています。

動体視力などの目の能力向上、目の影響で起きる症状・姿勢・学力・運動能力・生活スタイルや考え方など、かたよりがちになる原因を見つけ出し改善方法を一緒に見出していきます。

小松式ビジョントレーニング
https://www.0v0ision10.com/

実務教育出版の発達障害関連書籍

1日5分! 大人の発達障害を科学的に改善するビジョントレーニング

ビジョントレーナーのホープ・小松佳弘氏による著作第二弾。大人の発達障害／グレーゾーンと「視機能」の関係性を科学的にわかりやすく解き明かし、「いつでもどこでも一人でもできる」具体的なトレーニングを紹介した、画期的な一冊です。

小松佳弘著　A5判144頁
定価 1760円(本体1600円＋税10％)
ISBN 978-4-7889-0911-3

発達障害とどう向き合うか

自身も発達障害で苦しんできた「半年先まで予約の取れない発達障害カウンセラー」の著者が、当事者、保護者たちに向け、個性として向き合いつつ人生を豊かに生きるための方法を語ります。

吉濱ツトム著　四六判224頁
定価 1540円(本体1400円＋税10％)
ISBN 978-4-7889-1038-6

発達障害の人のための上手に「人付き合い」ができるようになる本

一番わかりやすい学校・職場・家庭必携の発達障害ガイド。発達障害の人に共通する人付き合いの悩みを数多く取り上げ、彼らの独特の思考と個性を明らかにしていきます。

吉濱ツトム著　A5判200頁
定価 1540円(本体1400円＋税10％)
ISBN 978-4-7889-1469-8